導入実例付きで
よくわかる
企業がAIで
変革する方法

生成AI
導入の教科書

Generative AI

ディップ株式会社 AINOW編集長
小澤健祐（おざけん）

ONE PUBLISHING

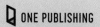

はじめに

「人間とＡＩが共存する社会をつくる」

これは私の唯一無二のビジョンです。誰もがＡＩの可能性を正しく理解し、社会のなかに自然にＡＩが存在する社会を作りたい。そんな思いで、２０１７年から日本初のＡＩ専門メディア「ＡＩＮＯＷ」に携わり、１０００本以上の記事を執筆してきました。そのなかでわかったのは、今までのＡＩは、世間の注目と比べると一般化しておらず、多くの企業が目指していた「ＡＩの民主化」はいまだに実現していないということです。ＡＩという言葉の認知度の広がりと、市場の拡大が一致していなかったのです。

２０２３年、約70年にも及ぶＡＩの長い歴史は転換点を迎えました。それこそが、「生成ＡＩの衝撃」です。これはすなわち、私たち人間が、知性の中枢でもある言語能力を「システム」に実装したということを意味します。この度の生成ＡＩの衝撃は、これまでの一過性のＡＩブームとは本質的に異なるものなのです。

ＡＩを活用して自社のビジネスをどのように発展させればいいのか。生成ＡＩの可能性の本質は何なのか。この急変する流れに驚きながらも、多くの方は「生成ＡＩ」と自身のビジネスとの紐づけについて、大変気になっているのではないでしょうか。

本書では、私が今までに取材した経験だけでなく、約３０００人の従業員がいる上場企業の生成ＡＩ導入プロジェクトを推進している経験も踏まえ、企業のリアルに即した形で、その可能性や導入方法を深掘りし、みなさんに伝えていきます。

生成ＡＩの衝撃は、かつてない規模です。しかし現実を見ると、生成ＡＩはまだ万能ツールではありません。いつの日も「ＡＩ」という技術は過度にメディアに報じられ、その可能性の本質が理解されないまま、ブームの終焉を迎えてきました。

この生成ＡＩのムーブメントを一過性のものにせず、社会転換の起爆剤にしていきたい。そんな思いで執筆したのが「生成ＡＩ導入の教科書」です。本書が、生成ＡＩのなかでも「大規模言語モデル（ＬＬＭ）」を企業で導入し、企業を変革させていくきっかけとなれば幸いです。

生成ＡＩ導入の教科書 ―― 企業が生成ＡＩで変革する方法 ――

Chapter 3
生成AIによるビジネスモデルの変革

Chapter 4
生成AIを社内で活用するために理解しておくべきこと

Chapter 5
「業務理解が第一歩」生成AIの導入ステップ

Chapter 6 生成ＡＩの既存システムとの連携パターン

Chapter 7 生成ＡＩを活用するプロンプトエンジニアリング術

Chapter 8 これからの生成ＡＩをめぐる動向

Chapter 9
企業におけるAI導入のベストプラクティス

Chapter 1

AIは「作る時代」から「使う時代」へ
——生成AIとは

1-1

生成AIとは何か
——コンテンツを生み出せるAI

本書のテーマとなっている「生成AI」という言葉について、まだ聞き馴染みのない方も多いかもしれません。生成AIは「Generative AI」とも呼ばれ、テキストや画像などの様々なコンテンツを生み出せるAIを指します。2022年にリリースされたChatGPTやStable Diffusionなど、従来に比べてはるかに精度高く、テキストや画像を生成できる生成ＡＩは、メディアでも大きく注目されました。

従来から注目されていた画像認識や人間の言語を機械で処理する自然言語処理技術は、「認識」や「識別」に焦点が当たっていました。しかし、生成ＡＩはデータのパターンや関係を学習し、新しいコンテンツを「生成」できることから、急速に注目度を高めているのです。

生成ＡＩは以下のような種類に分類されます。

■ **テキスト生成ＡＩ**：テキストデータを理解し、生成するために使用されます。例えば、会話の応答を生成する自動会話プログラム「チャットボット」や、文章の要約を生成するＡＩ、文書の翻訳を行うＡＩなどがあります。

■ **画像生成ＡＩ**：画像を生成するために使用されるＡＩです。例えば、「ゴッホ風の〇〇」のように画像のスタイルを変換するＡＩは、与えられた画像を特定のスタイルに変換することができます。もちろんゼロからの生成も可能です。

■ **音声生成ＡＩ**：音声を生成するために使用されるＡＩ。例えば、テキストを読み上げる

ＡＩアシスタントや、異なる話者の声を模倣するＡＩなどがあります。映画やゲームのキャラクターの声を合成するのにも使用されることがあります。

■**音楽生成ＡＩ**：楽曲を生成するために使用されます。例えば、既存の音楽のスタイルに基づいて新しい楽曲を作成するＡＩ、特定の感情やムードに合わせた音楽の生成を行うＡＩなどがあります。

これまでもＡＩを活用したコンテンツ生成には注目が集まっていました。特に２０１０年代には生成ＡＩの研究が加速し、実用的なアプリケーションもいくつか登場。特に注目された技術は、画像生成における「ＧＡＮ(Generative Adversarial Network：敵対的生成ネットワーク)」です。

ＧＡＮは、ディープラーニング（コンピュータによる深層学習）の一種。生成モデルと識別モデルを相互に競い合わせることで、だんだんと本物に近い高品質なデータや画像を生成できるようになるアルゴリズムを持ち、特に自動着色や顔画像の生成などで注目を集めました。

一方で、当時は文章生成の分野は発展途上。まだまだ高度な返答が難しく、活用は限定的でした。チャットボットの領域では、ルールにしたがって文章を組み合わせて返答するなど、クオリティを担保できる手法が開発されて導入が広がっていたものの、人間のように柔軟に文章を生成することは苦手だったのです。

そんななか、2010年代の終わりから現在にかけて、生成AIの領域が急発展していきます。画像生成ではゼロから生成するAIが多く登場し、特に2022年は「画像生成AI元年」と呼ばれるほどエポックメイキングな年となりました。そのきっかけがアメリカのOpenAIが2022年4月に公開した「DALL-E 2」。OpenAIが2021年1月に公開した「DALL-E」のアップデート版です。さらに、2022年8月にはイギリスのAI企業StabilityAIが「StableDiffusion」を公開しました。

これらは、ユーザーが入力した「プロンプト（ユーザが入力する指示や質問）」をもとにイラストを生成可能な点が特徴で、プロンプトを工夫することで自分の思いどおりのイラストを生成できると話題を集めたのです。一方のテキスト生成では、2010年代後半からGoogleやOpenAIなどが次々に大規模なモデルを開発し、熾烈な競争が繰り広げられてきました。

しかし、人間の期待を超えるほどの汎用性を実現することはできず、ＡＩ関係者のなかで話題になることはありつつも、一般の人々にまでその可能性が伝わることはありませんでした。そんななか、そうしたユーザーの期待に応える生成ＡＩ「ＣｈａｔＧＰＴ」がついに登場。ここからすべての流れが変わりました。

——ＣｈａｔＧＰＴの登場

生成ＡＩの代表格とも言える存在がこのＣｈａｔＧＰＴです。２０２２年11月に公開されたＣｈａｔＧＰＴは、２０２３年1月に1億人のアクティブユーザー数を記録したほか、わずか1週間で１００万人のユーザーを獲得するなど、爆発的に注目を集めました。２０２３年初頭には、米Ｍｉｃｒｏｓｏｆｔが１００億ドル（約1・3兆円）の巨額投資を行うと明らかにしており、今後も多くのプレーヤーを巻き込みながら開発が進んでいくことが予想されます。

アクティブユーザー数1億人に到達するのに要した時間は、ＴｉｋＴｏｋが9か月、Ｉｎｓｔａｇｒａｍが2年半ということを踏まえると、このインパクトの大きさがわかるでしょう。

また、ＣｈａｔＧＰＴの登場以来、各社がしのぎを削って様々な大規模言語モデルの研究開発を進めており、２０２３年はＡＩ技術史において、大きな転換を迎えた1年といえます。

私は、ＣｈａｔＧＰＴが爆発的な注目を集めた理由は、チャットのようなシンプルなＵＩで、大規模言語モデル「ＧＰＴ－３」をベースにした「高度な返答」を可能にした点にあると考えます。その結果、単なる会話だけでなく、要約や文書の作成など知的処理も可能になり、ビジネス活用でも大きく注目されるようになりました。さらに２０２３年3月には、ＯｐｅｎＡＩによる大規模言語モデル「ＧＰＴ－４」もリリース。従来よりも大きく精度が向上したほか、プラグインを利用してＷｅｂページの情報を読み込んだり、グラフを生成できたりと、機能性も向上しています。現在はＯｐｅｎＡＩ、ＭｉｃｒｏｓｏｆｔからＡＰＩも提供されており、ＡＰＩを活用した企業事例も多く生まれ始めています。

生成ＡＩの特徴

ＣｈａｔＧＰＴなどの生成ＡＩの特徴のひとつは、豊富なデータを学習し、それに基づいて自動的に新たなデータを生成する能力にあります。大量の文章や画像などのデータを与えることで、そのパターンや構造を学習し、それを元に新しいデータを生成できるのです。

なかでも生成ＡＩの最も明確なメリットは、言語を使用する様々なタスクの効率性向上と、多様なパターンのコンテンツを作れる創造性の向上にあります。例えば、テキスト生成ＡＩを用いれば、短時間で大量の文章を生成でき、これにより編集者やライターだけでなく、様々な職種の方の業務負担を軽減できるわけです。

また、生成ＡＩは創造性に優れ、人間の想像力を超えるような斬新なアイデアや表現を生み出すことがあります。これは、学習に使用した膨大なデータの多様性や組み合わせの可能性によるもの。そのため、芸術作品の創造やデザインのアイデア出し、新しい商品やサービスの開発など、様々な分野での活用が期待されるでしょう。

ただし、生成ＡＩにはいくつかの課題もあります。例えば、ＣｈａｔＧＰＴは２０２１年９月以前の情報を学習してできたモデルであり（２０２３年８月時点）、直近の出来事に関する質問に対応できないほか、正しくない回答をさも正しいかのように出力してしまう「ハルシネーション」と呼ばれる現象も危険視されており、高いリテラシーを持って活用していくことが重要になります。また、学習データの偏りやバイアスが反映されることもあります。これらの課題に対しては、適切な学習データの選択や大規模言語モデルの仕組みの改善、倫理的なガイドラインの策定などが今後求められていくでしょう。

しかし私は、将来的に生成ＡＩはこうした課題を乗り越え、さらなる進化を遂げると考えます。例えば、生成ＡＩ自体の学習量が拡大すれば、より精度の高い文章生成が可能となるでしょう。また、生成ＡＩが複数のモード（文章、画像、音声など）を組み合わせて情報を入力することで、新しい価値を出力できるようになることも予想されます。

生成ＡＩの注意点

このように、社会に対して大きなインパクトを有する生成ＡＩですが、以下の注意点もあります。

■**データプライバシーとセキュリティ**：生成ＡＩは学習時に膨大なデータが必要。これらのデータにはしばしば個人情報が含まれる可能性があり、適切なセキュリティ対策やプライバシー保護が必要となります。ユーザーが入力した情報がそのまま学習に使われる可能性もあるため、利用規約の確認なども必須です。また、サイバーセキュリティのリスクの観点から、データ保護とセキュリティ強化の対策が求められます。

■ **バイアスと公正性**：生成ＡＩは、トレーニングデータのバイアスを学習し、それが出力に反映されてしまう可能性があります。例えば、特定の人種や性別に対する偏見が含まれているデータでＡＩを訓練すると、そのＡＩも同様の偏見を持つ可能性があるのです。公正性を確保するためには、バイアスのないデータを学習させたり、アルゴリズムを監視／調整したりすることが必要です。

■ **透明性と説明可能性**：生成ＡＩに限らず、ＡＩの意思決定プロセスはしばしば「ブラックボックス」とされ、その動作原理や判断根拠が不明確な場合があります。しかし、ＡＩが人間社会に影響を及ぼす決定を下す場合、それがどのようにして結論を導いたのかを理解することは不可欠です。説明可能なＸＡＩ(Explainable AI)の開発や、ＡＩの透明性を確保する取り組みが求められます。

■ **意思決定への過度な依存**：生成ＡＩは強力なツールであり、一部の業務を自動化し、意思決定を補助できます。しかし、すべての決定を生成ＡＩに任せることはリスクが伴います。生成ＡＩはあくまでツールであり、最終的な意思決定は人間が担うべきです。

■**レギュレーションと法規制**：生成ＡＩの使用は、その活用範囲や地域によって異なる法律や規制に影響を受けます。例えば、ヨーロッパでは、日本に比べてデータ保護の観点が強く、ＣｈａｔＧＰＴはプライバシーの侵害だとして利用を規制し始めたイタリアに続き、ほかのＥＵ加盟国も同様の規制の検討を始めました。データを巡る各国、各地域の規制を理解し、遵守することが重要になります。

■**知的財産権の侵害**：学習に使われるデータが他人の著作権を侵害していないか、ＡＩが生成した作品の著作権は誰に帰属するのか、誰かの作品と類似した作品を出力してしまった場合にはどうすればいいのか――こうした点なども要注意です。一部の国や地域ではＡＩが生成した作品に著作権を認める傾向もありますが、いまだに共通認識が生まれているわけではなく、法律や裁判例をチェックする必要があります。

一般社団法人日本ディープラーニング協会（ＪＤＬＡ）は２０２３年５月１日、生成ＡＩのリスクを踏まえ、その活用を考える組織がスムーズに導入を行えるように利用ガイドラインのひな型（※）を作成し、無料で公開しました。このひな型に沿いながら、各企業の利用目的に応じて適宜必要な文言の追加や修正をすることで、適切な形で生成ＡＩ活用を進められるはず。今後は利用する組織や目的に応じたひな型も公開されていく予定です。

※：ＪＤＬＡ「生成ＡＩの利用ガイドライン」：https://www.jdla.org/document

1-2 大規模言語モデルとは何か

――大規模言語モデル（ＬＬＭ：Large Language Model）に起きた革新

生成ＡＩのなかでもテキストを生成するＡＩは、様々な業務を効率化する可能性を秘めています。まずは生成ＡＩの理解を深めるために、特にビジネス的なインパクトが大きい大規模言語モデルの基本についておさらいしておきましょう。

■ **従来の自然言語処理モデルと大規模言語処理モデル**

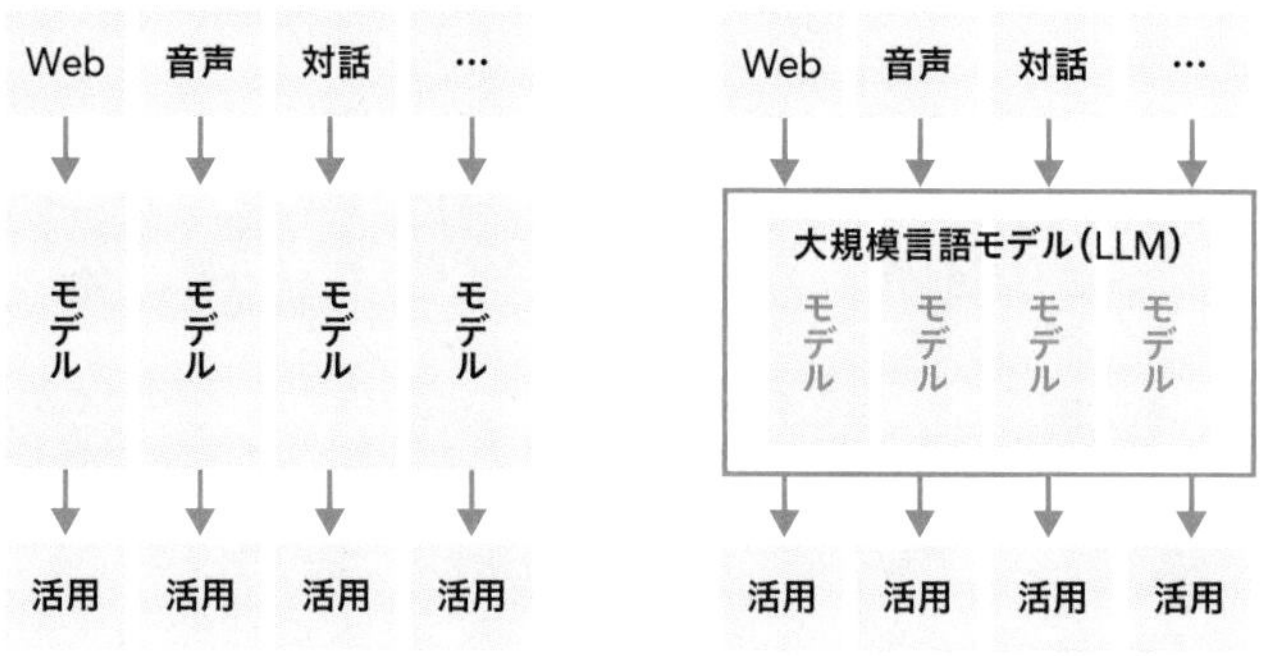

従来の自然言語処理は、特定の用途に合わせてモデルを構築する必要があった。しかし大規模言語モデルは、様々な用途に汎用的に活用できることを目指した設計になっている。

大規模言語モデルとは、自然言語処理タスクを実行するために設計された大規模な機械学習モデルです。膨大なテキストデータを学習し、文の生成、文章の要約、質問応答、翻訳、文の分類など、様々な自然言語処理のタスクを実行する能力を持ちます。

今までの自然言語処理分野では、チャットボットなどの技術の発展が進んでおり、多くの企業がチャットボットによるカスタマーサポートの効率化などに取り組んできました。しかし、これまでのチャットボットなどの自然言語処理開発では、それぞれの目的に合わせてデータを準備し、個別にモデルを構築する必要がありました。また、大規模言語モデルほどのモデルサイズがなかったため、パターンや文脈理解の向上が難しく、自然言語処理の活用は局所的な用途にとどまっていたのです。

また、チャットボットは、精度を担保するために特定の単語に反応する「辞書型」や、選択肢を設けてユーザーを誘導する「選択肢型」がほとんど。汎用的な自然言語処理技術とは相反する考え方で作られていました。

しかし、時代とともにコンピューティングリソースが拡大し、モデル構築の技術も発展。汎用的に文章のパターンや文脈を理解し、様々なタスクに応用できる大規模言語モデルの構築が可能になりました。トレーニングに使用されるデータ量が非常に大きくなり、一般的な言語パターンや文脈をより深く理解できるようになったのです。

また、大規模なトレーニングデータに基づいて学習するため、様々なトピックやドメインにわたる幅広い知識も獲得できるようになりました。適切な文脈や意味を考慮しながら、自然な文章を生成することができ、文脈に基づいて応答を生成するため、より高度な質問応答や対話システムを構築することが可能になっています。

技術変革の起点となった「Transformer」と「基盤モデル」

２０１０年代後半から大規模言語モデルの技術革新が起きました。インパクトをもたらしたのは２０１７年に発表されたＧｏｏｇｌｅによる論文「Attention Is All You Need」で発表されたモデル「Transformer」です。「Transformer」は、文章に含まれる連続した単語の関係を学習し、文脈や意味を学習するモデルでした。

Ｇｏｏｇｌｅは２０１８年、この「Transformer」をベースにした言語モデル「ＢＥＲＴ」を公開。この「ＢＥＲＴ」は「Bidirectional Encoder Representations from Transformers(Transformerを活用した双方向のエンコード表現)」の略で、２０１９年からは英語版のＧｏｏｇｌｅの検索エンジンにも搭載されています。「ＢＥＲＴ」が２０１８年10月11日に公開されたことを境に、言語モデルはより長く、複雑な文章を理解できるようになっていきます。大規模言語モデルの可能性を劇的に拡大したきっかけといえるでしょう。

大規模言語モデルなど、高い汎用的な性能を獲得したＡＩのことを「基盤モデル（Foundation Model：ファウンデーションモデル）」とも呼びます。これは、２０２１年にスタンフォード大学の人間中心のＡＩ研究所「Human-Centered AI Institute(HAI)」が命名したもの。「基盤モデル」は、広範で多種多様なデータを利用して学習を行い、様々な特定のタスクに応じて利用可能なモデルを指します。現在、注目を集めているＧＰＴ－４などの大規模言語モデルも基盤モデルのひとつで、多様かつ大規模なデータで学習した結果、様々なタスクに応用できる高い精度を誇ります。大規模言語モデルは基盤モデルの一種ととらえることができるでしょう。

２０１８年、ＡＩ専門の非営利研究機関ＯｐｅｎＡＩは、現在注目を集めているＣｈａｔＧＰＴのベースとなっているＧＰＴ－１（Generative Pre-Trained Transformer）を発表しました。これもまたＧｏｏｇｌｅが発表した「Transformer」をベースにしたモデルです。以降、ＧＰＴ－２、ＧＰＴ－３とモデルの進化が続いています。

ＧＰＴ－３は１７５０億パラメータ（最適化する必要のある変数の数）を持つ巨大な言語モデルですが、ＧＰＴ－１は１・17億、ＧＰＴ－２は15億ですから、旧モデルと比較して急激に拡大していることがわかります。現在のＯｐｅｎＡＩが公開している最新のモデルは「ＧＰＴ－４」で、その正確なパラメータ数は不明ですが、２万５０００語以上のテキストを同時に読み取ることができるなど、以前のモデルに比べてさらに性能が改良されています。

基盤モデルや大規模言語モデルの性能として注目されているのが、「スケーリング則」です。これは、自然言語処理モデルのパラメータ数や訓練データの量、データセットのサイズが増えると、モデルの性能が向上する法則で、実際にこの３つが大きくなればなるほど汎用的で表現力が高いモデルが実現しています。

Ｇｏｏｇｌｅは、ＢＥＲＴを発表した以降も大規模言語モデルの研究開発に積極的に取り組んでいます。２０１９年10月には「Ｔ５」(Text-to-Text Transfer Transformer) を発表。立て続けに、２０２０年に「Ｍｅｅｎａ」、２０２１年に「ＭＵＭ」、「ＬａＭＤＡ」、２０２２年に「ＰａＬＭ」、２０２３年には「ＰａＬＭ２」を発表しています。

「ＰａＬＭ２」は２０２３年８月現在、25以上のＧｏｏｇｌｅ製品と新機能で活用され、Ｇｏ

ｏｇｌｅが提供する各種サービスを駆動する基盤モデルになっていますが、早くも次世代基盤モデル「Ｇｅｍｉｎｉ」の開発にも取り組んでいると発表しています。また、利用者の質問に自動応答する対話サービス「Ｂａｒｄ」の提供もスタート。「Ｂａｒｄ」は２０２３年5月11日から日本語にも対応しています。

また、国内でも大規模言語モデルをめぐる動きは活発化しています。先陣を切ったのはＬＩＮＥ株式会社。２０２０年11月25日、ＬＩＮＥ社はＮＡＶＥＲ社と共同で、日本語に特化した世界初の大規模言語モデルの開発とそれに必要なインフラ構築に取り組むことを発表しました。日本語に特化した巨大な言語モデルの開発は初めての試みです。

そして、２０２１年7月には二社は共同で、日本語や韓国語に特化した大規模な言語モデル「HyperCLOVA」の開発を発表。２０２２年の段階で、このモデルは８２０億パラメータの規模まで開発が完了しています。さらに２０２３年8月には、日本語に特化した大規模言語モデル「japanese-large-lm」をオープンソースで公開。商用利用も可能と発表しました。

国内では他の企業も大規模言語モデル開発に取り組んでいます。ＡＩキャラクター「ｒｉｎｎａ」などで有名なｒｉｎｎａ株式会社は、２０２３年5月に36億パラメータの大規模言語モデルを公開しました。商用利用できるライセンスで無償公開されています。また、サイバーエージェントは、２０２３年5月に１３０億パラメータの大規模言語モデルを開発。Ｗｅｂ広告で利用を開始し、自社サービスへの組み込みを進めています。さらに規模の異なる複数モデルも開発し、こちらも商用利用できるライセンスで無償公開中です。

また２０２３年7月には、情報通信研究機構（ＮＩＣＴ）が日本語のＷｅｂデータのみで学習した４００億パラメータの生成系大規模言語モデルを開発したと発表。１７９０億パラメータのモデルも開発中で、今後は民間企業や大学等と共同研究を行い、さらに発展させていくとしています。また同7月にＮＥＣは、日本語に特化した独自の大規模言語モデルを開発したと発表。独自の工夫により高い性能を実現しつつ、パラメータ数を１３０億に抑えてコストを抑制したもので、軽量・高速のためクラウド／オンプレミス環境での運用が可能としています。

そう、２０２３年はまさに大規模言語モデル元年とも呼べる年。国内外で、様々なプレーヤーがこぞって大規模言語モデル開発に取り組むほか、オープンソースの大規模言語モデル「Ａｌｐａｃａ（スタンフォード大学）」などの開発も進んでおり、さらにモデルの進化の速度が高まっているといえます。

1-3

ＡＩを作る時代（今までのＡＩ）

――かつては課題に合わせてＡＩを作成していた

私は、今までのＡＩは、作ることに主眼が置かれた「作るＡＩ」だったと考えています。２０１０年代後半のＡＩブームは「第三次ＡＩブーム」と呼ばれ、特に画像認識や予測などの技術が実用可能になり、「人間の仕事を奪う」とまで言われていました。

しかし、実際は人間の仕事を奪うほどのインパクトはなく、生成ＡＩや大規模言語モデルが生まれる以前は、ＡＩの適用範囲はあくまで限定的。今まで発展してきた画像認識などのＡＩ

は、重要な役割を果たしているケースもありますが、「予測」や「分類」などの利用だけでは、業務のあり方そのものへのインパクトに限界があったのです。

「作るＡＩ」では、解決したい課題にあわせてプロジェクトを発足させ、ＡＩのモデルを構築する必要がありました。プロジェクトでは、綿密な要件定義や実証実験（ＰｏＣ）、細かな検証も必要で、プロジェクト自体非常に難易度が高かったのが特徴。モデルを構築するためにも専門知識が必要となり、加えて機械学習エンジニアやデータサイエンティストの需要が高まり、その高い収入が注目されることもありました。ＡＩやデータサイエンス系の開発会社も多く生まれるほか、ＡＩやデータサイエンスに関連する多くの教育サービスも誕生するなど、確かにこの「作るＡＩ」の需要は大きかったのです。

私は、「作るＡＩ」の可能性は一概に否定されるものではないと考えます。むしろ、特定の用途でしっかりと課題を解決できるＡＩ活用は推進されるべきとさえ思います。ただし、生成ＡＩのように汎用的に様々なタスクに応用することは難しく、「適用範囲が限定されていた」ということだけ覚えておいてください。

私は、今後企業と生成ＡＩの関わりを学ぶうえで、「作るＡＩ」の開発フローも理解しておくことが重要と考えます。そこでここでは、ＡＩのモデルを構築する「作るＡＩ」のフローをおさらいしておきましょう。ＡＩのモデルを構築するフローは、以下のようなステップで進行することが一般的です。

■ **企画**：ＡＩモデルを構築する前に、プロジェクトの目的や目標を明確にし、企画を立てます。これには、ビジネス上のニーズや課題の特定、ＡＩが解決すべき問題の定義、予算やリソースの計画などが含まれます。また、データの入手可能性の評価も重要です。企画の段階では、プロジェクトのスコープやタイムラインを設定し、成功のための基盤を築きます。生成ＡＩ活用においてもこれは同様。「課題はなにか」「データの入手可能性は高いか」など、企画段階で綿密な設計を行う必要があります。

■ **データ収集**：ＡＩモデルを構築するうえで、学習させるデータを収集します。生成ＡＩでは大規模なモデルが構築済みのため、大規模なデータ収集の必要性は高くありません。しかし、「作るＡＩ」は用途にあわせたチューニングのために、一定のデータ収集が必要になる場合があります。

■**データの前処理**：収集したデータを分析し、必要な前処理を行います。AIがデータを学習するには、データの形式を整え、学習に適した形にまとめる必要があります。これにより、データの品質を向上させ、モデルのトレーニング効果を最大化します。

■**モデルの選択と構築**：問題の種類に合わせて、「辞書型」など適切なモデルを選択します。生成AIではモデルの選択の重要性は低い場合が多くなっています。

■**PoC（Proof of Concept：概念実証）**：PoCは、アイデアや概念を実際の環境でテストするための実験段階です。PoCでは、限られたデータやリソースを使用して、モデルの機能性や性能を検証します。また、適切なアルゴリズムやモデルの選択、データの有効性なども評価します。PoCの結果をもとに、モデルの改善やプロジェクトの方向性を決定します。生成AIでも自社独自のチューニングをする場合などは、PoCのフェーズを経て、現場で活用ができる性能に達しているかどうかをチェックすることが重要です。

■**モデルの実装**：モデルが満足のいく性能を持っている場合は、実際の運用環境に実装します。生成AIでは、チューニングを施す場合を除いて、モデルの実装は不必要です。

■**モデルの保守**：モデルを実装した後も、定期的なメンテナンスと保守が必要です。モデルの性能や予測の正確性を監視し、必要な場合にはモデルの再トレーニングやアップデートを行います。また、新しいデータを収集し、モデルに組み込むことも重要です。生成AIを特定の用途のためにチューニングした場合も、最新のデータを学習させるなど、モデルの保守が必要なケースもあります。

■**AIモデルのROIの検証**：AIモデルを導入した場合、その結果としてどのようなリターンが得られるのか、つまり投資対効果（ROI：Return On Investment）を評価することが重要です。ROIの検証には、モデルの導入によるコスト削減、効率改善、収益増加などの要素を考慮します。具体的な指標や評価方法は、ビジネスの目標やプロジェクトの性質によって異なります。

このように、今までの「作るAI」にはかなり複雑な工程があり、検証を重ねながら、慎重にプロジェクトを進めていく必要がありました。現在のAIに比べ、あくまで「作る」面のウエイトが大きかったのです。

「作るAI」において重要なのは、ビジネス上の課題を解決し、費用対効果（ROI）を合わせることでした。今までのＡＩは作る過程から、構築したＡＩのモデルをメンテナンスする過程まで、しっかりとＲＯＩを計測する綿密なマネジメントが欠かせなかったのです。

その結果、高いコストが見合わない場合はＡＩモデルを構築することが困難となり、社会の隅々までＡＩ活用が進むことはありませんでした。実際、ＡＩモデルを作る需要の急激な高まりにより、ＡＩ関連のコンサルティング会社や開発会社が多く誕生しましたが、現場でしっかりと活用されつつ、ＲＯＩも整っているＡＩのプロジェクトは多くなかったのです。

課題解決の重要性

みなさんは自身の企業で働かれているなかで、自社のＡＩプロジェクトが現場の業務に役立っていると実感しているでしょうか。市場調査などではＡＩプロジェクトに取り組む企業は多く示されていますが、部署単位、業務単位でみると、今までのＡＩ技術発展の恩恵を感じられている方は多くないと思います。

これは、ＡＩ開発プロジェクトを進めるなかで、「技術を活用すること」や「プロジェクトを完遂すること」が目的となってしまう、「手段の目的化」が発生してしまうケースが多くなっていたことが理由として挙げられます。ＰｏＣ（実証実験）ばかりを行い、本当の開発や実装に至らずに疲弊してしまう「ＰｏＣ貧乏」が問題になることもしばしばでした。

ＡＩプロジェクトが「コストがかかる割に課題を解決できない」ことは大きな問題でした。これは、生成ＡＩ活用においても同様。繰り返さないためには「課題解決」を前提に、コストも見据えた丁寧な導入が必要になってきます。実際、２０１０年代から２０２０年代にかけてＡＩやデータサイエンスに関連する講演では、「課題を解決することの重要性」が最も多く取り上げられたテーマだったのではないでしょうか。

ＡＩプロジェクトで特に難しいのが「問題の定義」。現場の課題を正確に理解し、その課題を感じている人は他にいるのかなど、その課題の普遍性を確認することが大切です。問題の定義に曖昧さがあったり、問題の範囲を正しく把握できていなかったりすると、ＡＩが開発・導入されても本質的な課題解決にはつながらない可能性があるのです。そもそもＡＩを使わなくても、業務そのものを整理するだけで解決できる問題も多くあるはずです。

以上を整理すると、今までの「作るＡＩ」は、作る過程の複雑さやプロジェクトの難易度の高さから、十分に社会を変えるほどのインパクトを有していなかったととらえることができるでしょう。

「作るＡＩ」時代に台頭した一部のＡＩサービス

「作るＡＩ」は、企業の課題に合わせて設計され、独自に開発されたものがほとんど。現在、注目されているＣｈａｔＧＰＴのように、気軽にサービスとして導入し、活用できるＡＩは多くありませんでした。ＡＩをサービスとしてパッケージ化し、複数の企業の課題を同時に解決できているケースは極めて少なかったのです。

しかし、一部ではＡＩのサービス化が進み、市場拡大が進んでいる分野もありました。それは、対話を自動化するチャットボットや人間の手書き文字を読み取る「ＡＩ－ＯＣＲ」などの分野。ユーザーからの問い合わせ対応や手書き文字のデータ入力など、どの企業でもコストがかかる課題と認識されている分野では、その課題を解決するＡＩサービスを導入することで状況を改善できるようになっていました。

実際、チャットボットやＡＩ－ＯＣＲなどは、工数削減の成果が見えやすく、恩恵を感じやすいサービスです。例えば、チャットボットは対話を通じてユーザーとコミュニケーションを行い、ＯＣＲはテキストデータを取り出すことで、定型的な業務を大幅に削減できます。

こうしたサービスは、個別の企業が別々に開発を進めるよりも、利用企業が利用料を負担してそのサービスを発展させた方が、効率よく生産性を向上できます。低いコストでＡＩの恩恵を享受し、効率よく課題を解決するには、汎用性のあるサービス（ＳａａＳ）としてまとめ、業界全体、業務全体の課題を解決できるように機能をまとめることが重要なのです。

複数の企業が同時に利用して、業務の課題を解決できるＡＩのサービス化がもっと起きていけば、ＡＩを活用する範囲がもっと広がっていくと私は考えています。また、現在の大規模な基盤モデルを活用すれば、そのような新しいサービスが数多く生まれ、さらにＡＩの活用が進む契機になるでしょう。

1-4

AIを使う時代へ――基盤モデルの時代

――基盤モデルで様々な課題を解消可能に

生成ＡＩの登場により、「作るＡＩ」は「使うＡＩ」へと変化していきます。今までのように個別の用途に合わせてＡＩモデルを構築する必要性は、生成ＡＩの登場によって薄れてきました。大規模な開発がなくても、既に大規模で汎用的なモデルが構築されているため、個別の事例に当てはめれば様々な課題解決に活用できるからです。また案件に応じてチューニングの必要性も生じますが、今までのＡＩプロジェクトに比べて、その重要性は低いでしょう。

一方で、変わらない点もあります。それは「課題を解決すること」の重要性。むしろ使う機会が増える生成ＡＩだからこそ、どんな課題があるのか、課題を発見できる力や課題を深掘りする力などの重要性が高まるはずです。これからの生成ＡＩは、人間の様々なスキルを模倣していきます。しかし、特定の業務のスキル（＝ハードスキル）はＡＩが代替しやすい一方で、意思決定をしたり、人間と関係を築いたりするソフトスキルの価値は変化しないと考えられます。

課題を解決する力だけでなく、人間に求める社会のなかでの介在価値は何なのか、一度立ち止まって考えることで、本質をとらえた生成ＡＩの活用が可能になると思います。今後、生成ＡＩはさらに進化し、様々な業界や業種において活用されることが予想されます。生成ＡＩを活用することが働くうえで前提となり、私たちの働き方は大きく変化するでしょう。

まとめ

■生成ＡＩは創造性に優れ、人間の想像力を超えるような斬新なアイデアや表現を生み出す可能性がある。

■大規模言語モデルは、膨大なテキストデータを学習し、文の生成、文章の要約、質問応答など、様々な自然言語処理のタスクを実行する能力を持つ。

■ＡＩは「作る時代」から「使う時代」へと変化を果たした。

Chapter

2

「今までのDXは絆創膏」——つぎのDXと生成AI

2-1

今までのAIがもたらしたもの

——実は定義がないAI

生成AIが発展する今、改めてAIとは何か、生成AI以外にどのようなAIがあるのかを理解しておくことが大切です。

そもそもAIとは何なのでしょうか。AIは「Artificial Intelligence」の略ですが、実はA

Ｉの定義は専門家の間でも定まっていません。ＡＩは多岐にわたる概念であり、その範囲は広範。また、進化し、変化し続けるものです。私は、ＡＩを「人間のような頭の良さを連想させるなんとなく賢いシステム」といった程度の認識にとどめつつ、ＡＩを構成する要素技術を分解して考えることが重要だと考えています。

まず、ＡＩは概念として「特化型ＡＩ」と「汎用ＡＩ（ＡＧＩ：Artificial General Intelligenc）」の2つに分けられます。

特化型ＡＩとは、ひとつのタスクに特化したＡＩを指します。今まで活用が進んできたＡＩはこの特化型ＡＩに分類され、画像認識や音声認識、自然言語処理など、特定の領域に限定する形で開発が進んできました。言い換えると、「汎用性が低いＡＩ」。例えば画像を認識するＡＩは音声を認識できませんし、音声を認識するＡＩはテキストを認識することができません。今までのＡＩ研究のほとんどはこの特化型ＡＩの領域で、様々な研究開発が繰り広げられていたのです。これまで活用が進んできた「作るＡＩ」も特化型ＡＩと言えます。

汎用ＡＩは、簡単に言うと「なんでもできるＡＩ」のことを指し、ＡＧＩとも略されます。特化型ＡＩはひとつのタスクに特化し、それ以外のタスクをこなすことができませんが、汎用ＡＩは与えられた情報をもとに自ら考え、応用することができるＡＩです。

これはまさに「人のようなふるまいをする」イメージ。そう聞くと、「ドラえもん」や「鉄腕アトム」のようなロボットを想像する人もいるでしょう。汎用ＡＩが完成したとき、ＡＩが人類の知能を超えるシンギュラリティ（技術的特異点）が起きると言われており、汎用ＡＩが人間最後の発明になるという意見もあります。

生成ＡＩは、特化型でありつつも、ある程度の汎用性を有しているのが特徴です。ただし、汎用ＡＩと断言できるほどの能力があるわけではなく、「テキスト処理に汎用的に特化した特化型ＡＩ」と理解しておくのが適切でしょう。しかし今後「生成ＡＩ」は、画像やテキスト、音声などの情報を生成ＡＩに複合的に入力できるようになったり、ロボティクス技術などの他の技術と組み合わさったりし、さらに汎用ＡＩに近づいていくことが予想されます。

ここ10年で、急激に発展が起きたのは特化型ＡＩの領域です。この特化型ＡＩを、概念的な分類ではなく、活用法をベースに「識別ＡＩ」「予測ＡＩ」「生成ＡＩ」の3つに分類して解説してみます。このカテゴリはあくまで一例であり、他にもＡＩの応用範囲を表現するための多くの方法があります。あるＡＩは複数のカテゴリにまたがることもあるため、これらのカテゴリは相互に排他的ではないことを理解してください。

識別ＡＩ

与えられたデータを分類・識別するために設計されたＡＩです。画像認識や音声認識、自然言語解析などが識別ＡＩに分類されます。識別ＡＩは、与えられた入力データに基づいて、情報を特定のカテゴリに分類する能力を持ちます。例えば、スパムフィルターは、受信したメールをスパム（迷惑メール）か非スパム（正規のメール）かに分類するために識別ＡＩを使用します。

また、感情分析も識別ＡＩの一例です。感情分析では、与えられたテキストデータ（文章、ツイートなど）の感情や意図を分類するために識別ＡＩが活用されます。例えば、顧客のフィードバックやソーシャルメディアの投稿から、その内容がポジティブ、ネガティブ、または中立の感情を持っているかを自動的に判定することができます。これにより、企業は顧客の意見や評価を把握し、製品やサービスの改善に生かすことができます。

識別ＡＩは他にも、手書き文字認識（ＡＩ－ＯＣＲ）、音声認識、病気の診断支援など、様々なタスクで活用されています。これらのタスクでは、識別ＡＩがデータの特徴を把握し、適切なカテゴリに分類する能力が生かされ、各分野で非常に有用なツールとなっています。

予測ＡＩ

予測ＡＩは、過去のデータのパターンから未来の出来事や動向を予測するために使用されるＡＩで、データのトレンドや関連性を分析し、将来の事象や結果を予測するためのモデルを作成します。この予測ＡＩは、金融市場の予測、天気予報、需要予測などの領域で広く活用されます。

例えば、株価予測は予測ＡＩを活用する一例です。株価の値動きは非常に複雑で予測困難ですが、予測ＡＩは過去の株価データや市場の変動パターンを分析し、将来の株価動向を予測するモデルを作成します。これにより、投資家やトレーダーは株価の上昇や下落を予測し、適切な取引戦略を立てることができます。

また、需要予測も予測ＡＩの重要な応用分野です。例えば、小売業では商品の需要予測が重要な経営判断の基礎となります。予測ＡＩは、過去の売上データや季節性、広告宣伝の効果などの要素を分析し、将来の需要の動向を予測することが可能。これにより、在庫管理や生産計画を最適化し、需要と供給のバランスを取ることができます。

他にも、天気予報や交通予測、エネルギー需要予測など、予測ＡＩは様々な分野で活用されています。これらのタスクでは、予測ＡＩがデータのパターンや関係性を学習し、未来の状況を予測する能力が生かされます。予測ＡＩの精度は、使用するデータの質やモデルの設計に依存しますが、適切に適用されると意思決定や計画立案のサポートに役立ちます。

生成ＡＩ

本書で中心的に説明するのが、この生成ＡＩです。生成ＡＩは、新しいデータや情報を生成するために使用されるＡＩで、与えられた入力や条件から、新しいテキスト、画像、音声などを生成したり、既存のデータを別の形式に変換したりすることができます。生成ＡＩは、クリエイティブなタスクやデータ拡張のために広く応用されます。

2-2

ＤＸ（デジタルトランスフォーメーション）とは

──「競争優位性を向上する」ことがＤＸの本質

私は、特化型ＡＩのなかでも生成ＡＩが担う役割は、今後どんどん大きくなっていくと思います。様々な文章や画像などが生成できるようになり、今まで効率化が困難だった多くのアナログの業務がＡＩにより効率化されていくわけです。

すなわち、生成ＡＩはＤＸを推進するうえで最も重要な技術になると言えます。だからこそ企業が生成ＡＩを導入し、変革していくためには、「ＤＸ（デジタルトランスフォーメーション）」の本質を理解することが重要。そのためには、生成ＡＩがＤＸの実現のためにどのような役割を果たすのかをしっかりと知っておくことが大切なのです。

ＤＸと生成ＡＩ活用はまったく別物だと考える方も多いかもしれません。しかし、ＤＸの大きな枠組みを理解しておくことで、生成ＡＩ活用は活性化しますし、より深い意味を持つと私は考えます。そこでここでは、ＤＸの本質を説明したうえで、生成ＡＩとの関わりについて詳細に解説しましょう。

まず２０１０年代、ＡＩを中心とした技術発展が急速に進むなか、並行してＤＸの重要性が語られるようになりました。企業広告をはじめ、展示会やセミナーなど、あらゆる場面でＤＸという単語を見かけることが増えているはずです。

しかしこれまでは、ＤＸは十分に理解されず、各部署足並みはバラバラ。各業務に散在する局所的な課題を解決するために、様々なツールの導入が進められてきました。根本的なデジタル基盤を含めて企業内のシステム全体を再設計し、それぞれのツールが相互にシームレスに連携するケースは少なく、ある部門のちょっとした成果で満足してしまっている会社が多かったのです。ある意味、傷口に絆創膏を貼るような対症的アプローチが多くなっていたと言えます。

本質的に生成ＡＩを導入するのであれば、昨今注目されているＤＸを大本から理解し、業務やシステム全体を最適化し、生成ＡＩを適材適所で活用することが重要なのです。生成ＡＩというかつてないインパクトを持つ技術が誕生した今こそ、絆創膏を貼るような対症療法的なアプローチではなく、根本治療のように基盤整備を行い、抜本的に働き方を変えていくことが求められています。

さて、ＤＸは、現代のビジネスや社会において重要なキーワードとなっています。経済産業省によるとＤＸとは、「企業がビジネス環境の激しい変化に対応し、データとデジタル技術を活用して、顧客や社会のニーズをもとに、製品やサービス、ビジネスモデルを変革するとともに、業務そのものや、組織、プロセス、企業文化・風土を変革し、競争上の優位性を確立すること」と定義されています。簡単に言い換えれば、「データとデジタル技術を活用することで、企業変革を起こし、競争優位性を生み出していく」ことがＤＸのゴールなのです。

競争優位性を生み出すには、ふたつの方向性があります。ひとつはコストを削減（業務効率化）すること。コストを削減して競争優位性が高まれば、利益率も向上し、企業体質の改善につながります。ふたつめは売上を拡大することです。データやデジタル技術を活用し、自社サービスを進化させたり、新たな事業を立ち上げたりして、売上を拡大していくことも立派なDXなのです。

特に国内企業では、コスト削減を目的としたDXが盛んに推進されてきました。多くの企業が、コスト削減のために、名刺管理や請求書管理、労務管理などのクラウドサービスやRPA(Robotic Process Automation：ロボットによる業務自動化）の活用を進めています。生成AI以前から注目されていた画像認識やチャットボットなどのAI技術も、コスト削減の文脈で企業で導入が進むケースが多く、様々なサービスが誕生しました。

これからは、今までのようにコスト削減だけでなく、DXによって売上を増加できるような付加価値の高い事業が多くの企業から生まれていくことが期待できます。生成AIの可能性を正しく理解すれば、今まで以上に付加価値が高く、利益効率が高い事業を生み出せるようになるからです。

――ふたつに分解できるＤＸ：デジタイゼーション

ＤＸの本質を理解するには経済産業省の定義だけでは不十分かもしれません。そこで、データを起点に、ＤＸとは何かを解説します。生成ＡＩは様々なデータを入力し、様々なデータを出力するものであるため、データを起点にＤＸを考えることで生成ＡＩとＤＸの関係性がわかりやすくなるのです。

まず、ＤＸは「デジタイゼーション（Digitization）」と「デジタライゼーション（Digitalization）」というふたつのステップに分解できます。

デジタイゼーションは、アナログ形式や物理的な形態で存在する情報やプロセスをデジタルに変換する工程を指します。具体的には、紙の書類や写真をスキャンしてデジタルフォーマットに変換したり、アナログ音声をデジタル音声に変換したりすることなどがそれにあたります。プロセスのデジタル化には、今まで属人的だった業務にクラウドサービスなどのツールの活用を積極的に進めるケースなども含まれます。

デジタイゼーションの目的は、社内の情報だけでなく、プロセスのログをデジタルデータとして利用可能にすること。デジタルデータはコンピュータで処理や保存が容易であり、検索や共有、編集などの作業が効率的に行えます。また、デジタルデータは柔軟性が高く、異なるプラットフォームやアプリケーションでの利用が可能です。一般的な生成ＡＩもデジタルデータしか処理できないため、そもそものデジタイゼーションが進んでいなくては生成ＡＩ活用が進めづらい可能性が高くなってしまうのです。

デジタイゼーションには様々な利点があります。まずひとつめは、情報のデジタル化によって、物理的なスペースの節約が可能になること。紙の書類や文書を電子ファイルに置き換えることで、大量のファイルをデジタルストレージに保存し、場所を取らずにアクセスできるようになります。

もうひとつは、デジタイゼーションによって情報の検索や共有が容易になるということ。デジタルデータはキーワードやタグ付けなどによって効率的に検索でき、必要な情報に素早くアクセスすることができます。また、コミュニケーションツールやクラウドストレージを利用して情報を共有することができるため、チームや組織内でのコラボレーションや情報共有がスムーズに行えるというメリットもあります。特に社内情報の検索技術は、生成ＡＩの発展によって、さらに向上していくことが予想されるでしょう。

加えて、デジタイゼーションによって情報のバックアップやセキュリティの強化も可能となります。デジタルデータは複数のバックアップや複製が容易に行えるため、情報の損失や破損のリスクを低減できます。さらに、アクセス制御や暗号化などのセキュリティ対策を導入することで、情報の保護を強化することも可能です。

ただし、デジタイゼーションには注意点もあります。それはデータの品質管理やセキュリティ対策が重要になるということ。デジタルデータは正確性や信頼性を確保する必要があるほか、不正アクセスやデータ漏洩などのリスクにも対策を講じる必要があります。また、デジタイゼーションには初期投資やシステムの導入コストがかかることもあります。適切な予算やリソースの計画を立て、組織内の変革やトレーニングにも十分な配慮をする必要があります。

生成ＡＩ導入に向けて、デジタイゼーションは必須のプロセスです。現在、注目されているＣｈａｔＧＰＴなどの言語系の生成ＡＩは、デジタルデータしか入力できません。生成ＡＩのトレンドにばかり注目するのではなく、本質的に自社内のデータやプロセスをデジタル化し、生成ＡＩの活用がしやすい環境を整えることこそが重要なのです。

ふたつに分解できるＤＸ：デジタライゼーション

次に、デジタライゼーションは、デジタルデータとデジタル技術を活用して新たな価値を創造するプロセスを指します。業務そのものを自動化・効率化してコストを削減したり、新技術を活用して新規事業を立ち上げたりと、「変革を起こすプロセス」と考えることもできます。

先述のデジタイゼーションによってアナログデータのデジタル化が進めば、業務効率化に生成ＡＩを活用しやすい状態になります。また、生成ＡＩを活用した英会話教育サービスなど、

■「今までのDXは絆創膏」―つぎはぎのDXと生成AI

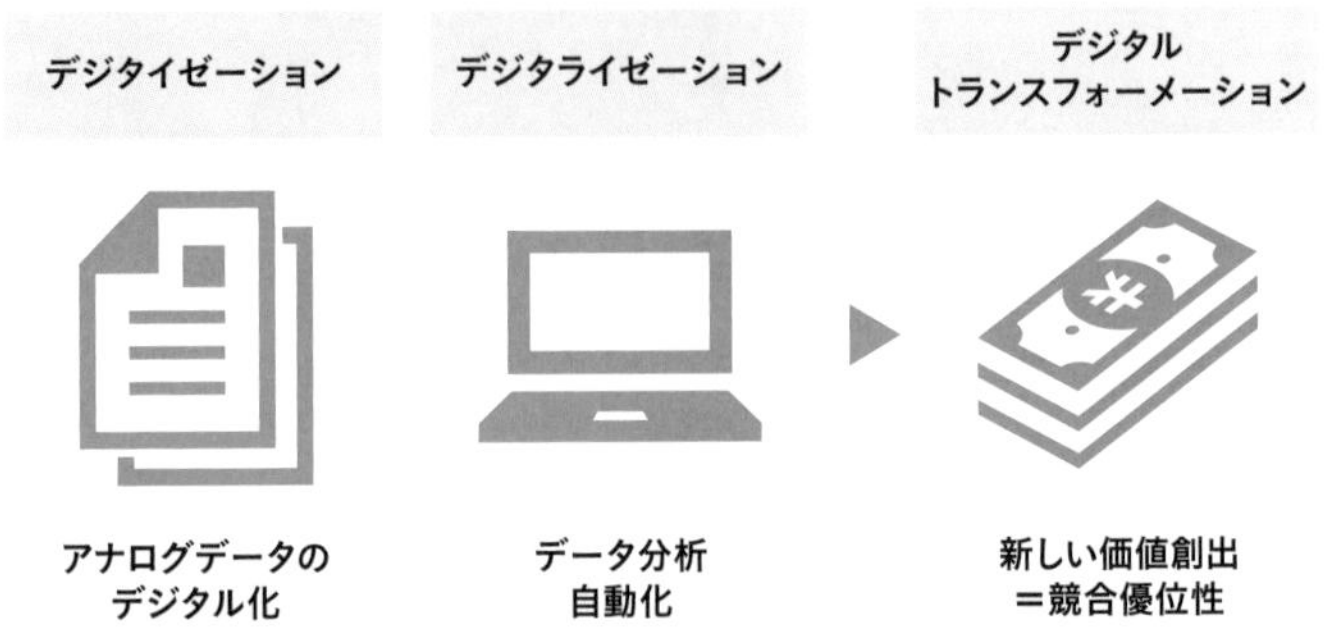

デジタイゼーションとデジタライゼーションは役割が違う。両方を適切に推進していくことが、最終的にDX（デジタルトランスフォーメーション）につながる。

新たなビジネスも多く生まれており、生成ＡＩは、デジタライゼーションの段階で活躍する技術といえます。

デジタライゼーションによる価値創出のひとつの例は、データドリブンな意思決定。膨大なデータを収集・分析することで、事業のパフォーマンスや市場トレンドを把握し、より効果的な戦略が策定できるはずです。今までは、機械学習などの技術を活用してデータを解析して予測するなどのプロセスが一般的でした。今後は生成ＡＩの進化により、より広範かつ様々なデータを分析したうえで、データドリブンな意思決定が行いやすくなる可能性が高いです。

また、デジタライゼーションは、組織や社会において革新と競争力を生み出す重要な要素です。データ分析、デジタル技術の業務活用、そして新たなサービスやビジネスモデルの創造を通じて、デジタライゼーションは企業の競争優位性を創出する鍵になります。DXは、こうしたデジタイゼーションとデジタライゼーションを包括した概念なのです。

2-3

DXと生成AIの関係—デジタイゼーションのAIとデジタライゼーションのAI

——非構造化データと構造化データ

生成AIだけに限らず、AI技術はどのように企業にインパクトをもたらすのでしょうか。AI技術がもたらす企業へのインパクトを理解するためには、DXを曖昧にとらえるのではなく、デジタイゼーションとAI、そしてデジタライゼーションとAIの関係性を理解することが重要です。

ここで、理解を深めるためにデータを種類別に分類したうえで、ＡＩとＤＸの関係性を解説します。データは、非構造化データと構造化データに分類でき、それぞれの定義は以下です。

■**非構造化データ（Unstructured Data）**：非構造化データは、明確なデータ構造や規則がなく、自由な形式で存在するデータを指します。これには、テキスト文書、メールの本文、画像、音声、ビデオ、ソーシャルメディアの投稿、Ｗｅｂページなどが含まれます。非構造化データは、通常、自然言語の文章や人間の知覚に関連する情報を含んでおり、人間が読んだり解釈したりする必要があります。一般的には、非構造化データはデータベースや表計算シートなどの伝統的なデータ管理ツールでは効果的に処理できません。

■**構造化データ（Structured Data）**：構造化データは、データベースやＥｘｃｅｌなどで扱えるような厳密なデータ構造があるデータを指します。構造化データは、テーブルやフィールドの形式で組織化され、データベース管理システムや表計算ソフトウェアなどを使用して簡単に管理および処理することができます。典型的な構造化データの例には、顧客情

■ 非構造化データと構造化データの流れ

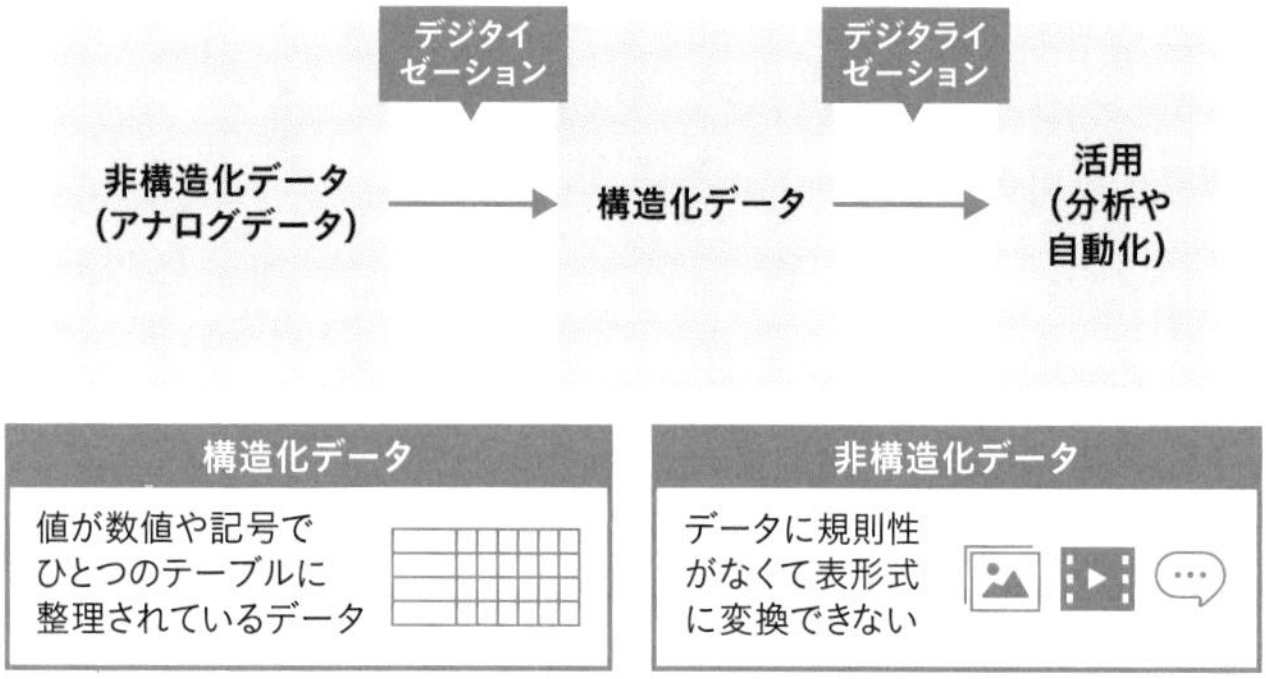

非構造化データ／構造化データと、デジタイゼーション／デジタライゼーションの関係性。生成AIはデジタライゼーションにおいて、大きなインパクトをもたらす。

報、注文データ、在庫データ、センサーデータなどがあります。

このように、非構造化データは、特定の形式や構造を持たないデータを指し、多くのアナログデータも非構造化データに分類されます。これらのデータは非常に量が多く、一般的には人間によってしか理解できないため、その利用と解析は困難でした。それに対し、構造化データは特定の形式や構造を持つデータを指します。構造化データは一般的にはコンピュータで読み取り可能で、利用と解析は比較的容易です。

アナログデータをデジタルデータに変換す

るデジタイゼーションは、言い換えると非構造化データを構造化データに変換しているプロセスととらえることもできます。ディープラーニング技術によって画像認識や自然言語処理などの技術の発展がみられましたが、これはアナログの非構造化データを、テキスト解析、画像認識、音声認識などのＡＩ技術によって構造化（デジタル化）できる点が革新的だったのです。

構造化データを活用して価値を生み出すデジタライゼーションは、コンピュータが理解できるデータを用いて新たな知識や洞察を得るプロセスを指します。例えば、ＡＩを活用した高度なデータ分析などがそれにあたります。このように単にＡＩ活用といっても、デジタイゼーションとデジタライゼーションのふたつに用途が分かれるのです。

——「デジタイゼーションのＡＩ」と「デジタライゼーションのＡＩ」

先述の定義をもとにＡＩとＤＸの関係性を考えてみましょう。

「デジタイゼーションのＡＩ」は、非構造化データを解析し、構造化データに変換するために使用されます。これには、自然言語処理（NLP）、画像認識、音声認識などの技術が含まれます。人間の言語、音声、画像を理解し、それをコンピュータが処理しやすいデータ形式に変換することを指すものです。

一方で、「デジタライゼーションのAI」は、構造化データを利用・解析し、新たな知識や洞察を得るために使用されます。これには、機械学習、深層学習、強化学習などの技術が含まれます。AIは、データのパターンやトレンドを識別し、それをもとに予測、分類などのタスクを行います。

今までのAIは、どちらかというと人々が日々の生活で直接価値を感じやすくインパクトがある「デジタイゼーションのAI」に目が向けられがちでした。特にディープラーニング技術の発展は「コンピュータが眼を持った」と注目され、顔認識などの技術のメディア露出が飛躍的に増えました。また、言語翻訳アプリ、音声認識機能などは、私たちの日常生活に直接影響を与え、その結果、人々の注目を集めやすくなったのです。しかし、非構造化データを構造化するデジタイゼーションのAIだけでは、DXの本質である競争優位性を生み出すことが難しくなってしまいます。その理由は、根本的にデータをどのように活用すればＤＸの目的である競争優位性を生み出せるのか、「データ活用」の本質的な議論が生まれづらいからです。

確かにデータを活用して価値を引き出すデジタライゼーションの領域でも、ＡＩ、特に機械学習技術の技術活用は進んでおり、予測分析、個別化、最適化問題、異常検出など、多くのアプリケーションで重要な役割を果たしているものもあります。しかし、幾多あるＡＩの適用範囲と比べると、各種業務を効率化したり、自動化したりできる領域は限られていたのが現状で、「デジタライゼーションのＡＩ」の適用範囲は局所化していたととらえることもできるでしょう。

では、本書のテーマである生成ＡＩはデジタイゼーションとデジタライデーションのどちらの領域で、より大きなインパクトを生み出すのでしょうか。私は、生成ＡＩ、特に大規模言語モデルは「デジタライゼーション」において、大きなインパクトをもたらす技術だと確信しています。そもそも言語は、人間の認知能力を形成するうえで重要な要素であり、情報の処理や表現の手段として非常に有効です。言語を通じて、私たちは思考を形成し、情報を受け取り、伝え、共有することができるわけです。

人間の認知は、言語による思考と密接に関連しています。言語能力は、私たち人間にとって、経験したり学んだりした情報を整理し、意味を与え、新たなアイデアを生成するためのフレームワークそのもの。言語を使用することで、複雑な概念を表現し、推論や論理的な思考を行えるようになるわけです。

また、言語は社会的な交流の手段でもあります。他の人と意見を交換したり、情報を共有したりするためには、言語を使ってコミュニケーションを行う必要があります。言語を通じて他者との関係を築き、文化や知識を共有し、協力や協働を行うことができるようになるのです。

このように言語は人間の認知・交流において重要な役割を果たしています。生成ＡＩ、特に大規模言語モデルはその言語を柔軟に扱える技術である以上、テキストなどのデジタルデータから新たな価値を生み出す「デジタライゼーション」におけるインパクトの大きさ、価値が想像できると思います。

大規模言語モデルが発達する以前のＡＩは、複雑な文章の入出力の精度に乏しく、人間以上の処理能力を持つことが困難でした。しかし、大規模言語モデルの登場によって、コンピュータがかつてない高度な言語能力を獲得し、人間の認知的な処理を代替できるようになったため、その適用範囲は大きく広がってきています。大規模言語モデルの登場によって、デジタライゼーションのＡＩの急速な進化が起きているのです。

以下に、改めて大規模言語モデル（ＧＰＴ－４など）が、他の技術に比べて非常に大きなインパクトを持つ理由を挙げていきましょう。

■ **自然言語理解の向上**：大規模言語モデルは、膨大な量のデータを学習しており、その結果、自然言語理解の能力が大幅に向上しました。これにより、より高度な自然言語処理タスクを実行することができます。例えば、文章の意味理解や質問応答、文書の要約などが挙げられます。

■ **文章生成の高品質化**：大規模言語モデルは、高度な文章生成能力を持っています。自然な文章やストーリーの生成、翻訳、文体の変換など、様々なテキスト生成タスクに利用されます。さらに論理的にも筋が通った文章を生成できます。これによって、より良質なコンテンツの生成や、人間のものに近い文章の生成、要約や文章変換が可能となりました。

■ **多様なアプリケーションへの適用**：大規模言語モデルは、ソフトウェアやプログラム、Webサービスの間をつなぐAPIなどを通じて様々なアプリケーションに適用することができます。企業や組織は、これらのモデルを活用して、顧客サポート、自動応答システム、コンテンツ生成、言語翻訳、情報検索などの領域で効果的なソリューションを提供することができます。

■ **プログラミング支援**：大規模言語モデルは、プログラミングにおいても利用されます。自然言語でのプログラムの記述や、コードの生成、エラーメッセージの解釈などをサポートすることができます。これにより、プログラミングの学習や開発プロセスの効率化が図れます。

生成AIの登場によって、現在はAIを「使うこと」に注力できるようになりました。データと組み合わせ、業務効率化の方法や新しい事業モデルを検討することで、競合優位性につながる本質的なデジタライゼーションが可能になるでしょう。

2-4

局所最適化していた今までの「絆創膏のDX」

今まで、各企業が取り組んできたDXの多くは局所的な課題だけを解決する「絆創膏のDX」でした。現在もあらゆる企業のあらゆる部署が、大小様々な課題に直面しています。それらの課題を解決するために、多くの企業がクラウドサービスなどの各種ツールを部分的に活用してきました。しかし、この取り組みは一部の問題解決に過ぎず、全体最適という視点では、企業の本質的な変革をもたらすものではありません。

このような状況を、私は「絆創膏のDX」と表現します。例えば、ある部署が営業の効率化のために顧客管理ツールを導入する一方で、別の部署が業務効率化のために業務管理ツールを導入するといったケースは多く見られます。これらはそれぞれの部署の業務プロセスを対象としたものであり、各部署の業務効率化や問題解決には一定の成果をもたらすでしょう。

しかし、これらの取り組みが全社的な視点で統合され、全社的なDX＝競合優位性の創出を推進する機運につながっているケースは多くありません。それ以前に、各部署が個別に選定したツールやシステムが連携できず、結果としてデータが各部署で孤立化してしまうという問題が発生してしまうのです。各部署がそれぞれの目的で異なるデジタルツールを採用してしまうと、全社的な統一性が欠け、組織全体としてのデータ活用や業務効率化が難しくなるわけです。

さらに、各部署が独自のＤＸを推進していくと、その取り組みが他の部署や全社の戦略と合致していない場合が出てきます。これにより、各部署の取り組みが全社的な戦略の遂行を阻害してしまう可能性もあります。また、部門ごとにバラバラのシステムを導入した結果、ＩＴ部門の負担も増大し、結果として全体としてのＤＸ推進が遅れてしまうといった問題も見受けられます。

もちろん、ＤＸの全体最適を実現しようと、今までも多くの企業がＤＸやＡＩ活用を目的に、専門の部署などを設置し、企業変革を試みてきました。しかし、その効果が現れず、結果的に成功に至っていないケースが多いのも事実です。

こうした失敗には様々な原因が考えられますが、私は主なものとして以下のような課題があると考えます。

■**技術中心の視点に偏っている**：技術中心の視点で最新の技術を導入するだけでは、それが企業の課題解決に寄与したり、新たな価値を生み出したりしてくれることにはなりません。企業が直面する課題や、顧客が求める価値を理解し、それらを満たすための具体的なソリューションとして技術を活用する視点が必要です。

■**目的がツール活用にとどまっている**：多くの企業では新たな技術の活用そのものが目的となってしまい、それが具体的にどのようなビジネス課題を解決するのか、また、どのような価値を生むのかという視点が失われがちです。重要なのは、それらの技術をどのようにビジネス、およびビジネスプロセスに活用し、価値を生み出すかという視点です。

■**現場の課題感、従業員体験が無視されている**：ＤＸやＡＩの活用は、企業全体の業務効率化や価値創造に寄与するものであるべきですが、現場の声を無視した上からの施策である場合が多いです。その結果、従業員が新たなツールを適切に活用できず、その効果が十分に発揮されないことがあります。

■**組織文化との不適合**：組織文化がデジタル化にアジャストできていない場合、新たに導入した技術が適切に活用されないことがあります。具体的には、新しい技術を導入することに対する抵抗感や、失敗を恐れる風土などが挙げられます。これらを克服するためには、経営層の強いリーダーシップと共に、失敗を許容する文化や、新しいことに挑戦することを奨励する雰囲気を醸成する必要があります。

■**専門的なスキル不足**：AIやDXを適切に活用していくためには、それらの技術を理解し、適切に活用できる人材が必要です。しかし、これらの技術に精通した人材は限られており、人材不足が企業のDX推進を妨げる一因となっています。企業内での研修や教育プログラムの実施、外部からの人材確保など、人材育成と確保に注力することが求められます。

全社的な視野でのDXにはつながらない「絆創膏のDX」は、こうした理由で発生するのです。しかし本来は、デジタイゼーションも、デジタライゼーションも、全社が一丸となって取り組めば、莫大なビジネスインパクトを巻き起こす可能性があるものなのです。

2-5

これからのＤＸに求められる「根本治療」

これからのＤＸに求められるのは、絆創膏ではなく「根本治療」ということがおわかりいただけたでしょうか。企業のデジタル基盤として強固なシステムを構築することで、企業の体質そのものを改善できると私は考えます。

――ドラえもんとひみつ道具

このような全社最適化を実現するうえで、生成ＡＩは間違いなくキーとなる技術。生成ＡＩは、様々なテキストを汎用的に処理できるため、これまで以上に多岐にわたる業務を代替できるだけでなく、社内のツールのハブとしても機能するようになる可能性を秘めています。

ここで私の十八番である「ドラえもんとひみつ道具」の話を紹介させてください。私は、これからの生成ＡＩのあり方を考えるうえで重要なのは、ドラえもんとひみつ道具の関係をイメージすることだと考えています。

「AIで連想するものは？」と聞いて、多くの人が考えるのが「ドラえもんそのもの」でしょう。しかしドラえもんは、単体で汎用的になんでもできるスーパーロボットではありません。のび太くんの課題に合わせ、四次元ポケットからどこでもドアやタケコプターを出すからこそ、のび太くんの困りごとは解決され、便利な生活が実現できるのです。

生成AIというと短絡的に「汎用AI」がすべてを実現すると考える人もいます。しかし、汎用的ななんでもできるAGIとは、「ドラえもんとひみつ道具がセットになった存在」に近いのではないでしょうか。生成AIの可能性を考えるうえで重要なのは、①ひみつ道具としての生成AI：個別のツールとしての可能性　②エージェント（ドラえもん）としての生成AI：人間に寄り添う秘書のような存在としての可能性、このふたつに要素を分解して考えることだと私は考えています。

特に①は現在も研究開発が進んでおり、今後も様々なクラウドサービスやツールが生成AI

と連携し、ひみつ道具のようにさらに便利になっていくと予想されます。肝心なのは②の発展です。ドラえもんは、自らにネジが一本足りないという欠陥があり、さらに人格を持っているからこそ、のび太くんと関係性を構築でき、誰からも愛着を持たれました。また、五感を持ち、様々な情報をインプットでき、アウトプットできる存在です。

①のひみつ道具としての生成ＡＩの発展は、大規模言語モデルの学習量の増加など、機械工学的アプローチでもある程度までいけると思います。しかし、人間と関係性を構築し、人間がより豊かな生活を送れるような②を実現していくには、学術分野を超えた議論や研究がさらに必要で、次の技術発展までに乗り越えるべきひとつの大きな山があると考えています。

ドラえもんのひみつ道具は、主人公であるのび太が直面する様々な問題や課題を解決してくれるもの。ドラえもんは、様々なひみつ道具を使い分け、それぞれの道具が持つ特性を理解し、それを使って最善の解決策を提供する役割を果たします。

それはまさに、生成ＡＩがＤＸのハブとして機能し、様々なツールと連携する様子とそっくりです。具体的には、生成ＡＩがＤＸ推進のハブ、すなわち「ドラえもんになる」とは、以下のようなことを意味します。

■ **統合されたインターフェース**：生成ＡＩは、各社内ツールを簡単に利用できるように、これらすべてをひとつのインターフェースに統合します。例えば、Ｓｌａｃｋなどのコミュニケーションツールとあらゆる業務ツールが連携し、Ｓｌａｃｋ上で生成ＡＩと会話するだけで様々なツールを呼び出してくれるかもしれません。これは、ドラえもんがのび太くんにひみつ道具を提供し、使い方を教えることに似ています。

■ **データ連携**：生成ＡＩは、異なる社内ツール間でデータを共有し、それらが相互に情報を交換できるようにする役割を果たします。これは、ドラえもんが異なるひみつ道具を組み合わせて新たな解決策を作り出す様子に似ています。

■ **個別の社内ツールの最適な利用法を教示**：生成ＡＩは、ユーザーの目的やニーズに最適な社内ツールの利用法を指南し、その効果的な活用を支援します。これは、ドラえもんがのび太くんにひみつ道具の最適な使い方を教える様子と似ています。

■ **自動化と最適化**：生成ＡＩは、一部の定型的な作業を自動化したり、社内ツールの利用法を最適化したりします。これによりユーザーはより効率的にタスクを実行できます。これも、ドラえもんがひみつ道具を使ってのび太くんの生活を助ける様子と似ています。

生成ＡＩが果たす「エージェント」の役割

特に「統合されたインターフェース」の必然性は、ＭｉｃｒｏｓｏｆｔがＷｉｎｄｏｗｓＯＳに生成ＡＩを搭載し始めている流れや、ＣｈａｔＧＰＴにプラグイン機能が搭載されたことからも読み取れます。Ｗｉｎｄｏｗｓ ＯＳがパソコンの様々なツールを呼び出したり、ＣｈａｔＧＰＴが「食べログ」などの様々なプラグインを呼び出したりすることが、「統合されたインターフェース」のあり方のひとつです。

生成ＡＩは、「ひみつ道具」であり「ドラえもん」であるわけですが、より重要なのは「エージェント」としての価値。ドラえもんがいれば、組織内のあらゆる情報やツールを一元管理し、迅速かつ効率的な意思決定を支援することができる、という機能です。

しかし、生成ＡＩを最大限に活用するためには、前項で触れたように社内のデータ基盤の整理が必要です。データはＤＸの根幹を成すものであり、適切な形で整理され、アクセス可能な状態になっていることが欠かせません。さらに、業務の整理も重要です。ＡＩを導入する際には、どの業務に対してどの程度ＡＩを活用するかという明確な方針が必要になります。あらゆる業務領域に対し、無闇にＡＩを導入しても、その価値は発揮されません。業務を詳細に分析し、ＡＩが最も効果を発揮する箇所を特定することが大切なのです。

また、各種ツールの整理も必要となります。多くの企業では様々なツールが乱立しています。そのすべてを生成ＡＩが適切に活用するためには、それらのツールの整理と統合は必須です。その際には、ツールごとの役割や機能、そしてそれらがどのように組織の業績に貢献しているかを見極め、最適な形で統合していかなければなりません。

これらの整備が進めば、エージェントとしての生成ＡＩがそれらをもとにして最適な判断を行い、ツールとしての生成ＡＩをどのように導入するか判断し、その結果として業務が効率化され、全社ＤＸの最適化を進めることができます。これこそが、「根本治療のＤＸ」に求められる具体的な取り組みといえるでしょう。

私は、これからのDXに求められるものは、一時的・部分的な問題解決ではなく、全社最適を目指す根本治療のアプローチだと思います。その中心的な役割を果たすのが生成AIです。その活用により、業務の効率化だけでなく、企業全体の知識やデータの最適な活用が可能となります。そのためには、事前の社内のデータ基盤の整理、業務の整理、そして各種ツールの整理が必要というわけです。

まとめ

■生成AIは「特化型AI」でありつつも、ある程度の汎用性を有しているのが特徴。将来的には「汎用AI」に近づいていく。

■「根本治療としてのDX」を実現するためには、「デジタライゼーションのAI」と「デジタライゼーションのAI」を理解しておくことが重要。

■生成AIは、組織内のあらゆる情報やツールを一元管理し、意思決定を支援する「DXのハブ」の役割を果たすようになる。

Chapter

3

生成ＡＩによるビジネスモデルの変革

3-1

生成ＡＩはどうビジネスモデルを変えるか

——世の中の情報を分解して考える

生成ＡＩがもたらすビジネスモデルの変革をとらえるうえで最も重要なのは、「情報＝データ」の視点で考えることです。今までのＡＩ発展も、これからの生成ＡＩの発展も、データ視点抜きで語ることはできません。

■ **情報を3つのレイヤーに分解**

三次情報	キュレーションメディア、検索系サービス
二次情報	SEOなどの記事、ECサイトなど
一次情報	現場で取得するデータ、取材データ、センサーデータなど

世の中にある情報を、一次情報、二次情報、三次情報に分解してみる。今まではどの階層の情報も十分に価値があったが、今後は二次情報の作り方が、大きく変わる。

わかりやすくするため、世の中の情報を一次情報、二次情報、三次情報と区切って考えてみましょう。一次情報は、その情報源から直接取得した情報。これは元のデータや原材料であり、最初の出来事、研究、調査などを指します。二次情報は、一次情報をもとに作られた情報です。これは解釈や分析を加えて、一次情報を集約、整理、または再解釈した情報を指します。三次情報は、二次情報をさらに分析、解釈、評価した情報です。

生成ＡＩの登場によって、二次情報の重要性が大きく変化すると私は考えています。大規模言語モデルは膨大な一次情報を直接まとめたり、解釈したり、分析できるような能力を持っており、私たち人間が闇雲に一次情報を集め、処理する必要性は低下しています。そのため、人間が一次情報をまとめたり分析したりして、新たに二次情報を作るニーズは減っていくことが予想されます。

もちろん生成ＡＩは、一次情報をまとめる場合完全に自律的に動作するわけではなく、人間の指示が必要となるため、人間の専門知識、洞察、判断力は欠かせませんし、しばらくはその過程で人間が提供する二次情報の価値も依然として残るでしょう。しかし、私は、人間が直接一次情報をまとめ、二次情報としてのコンテンツを作る必然性・重要性は今後大きく減退すると考えます。

例えば、冷蔵庫の例で考えてみましょう。

一次情報：例えば冷蔵庫の製造元から提供される製品仕様、機能、価格などの直接的な情報。また、ユーザーが直接使用した経験からのレビューや評価も一次情報に含まれます。

二次情報：一次情報をもとに作られた情報で、その例として「おすすめ家電のまとめ記事」があります。この記事は、複数の一次情報（例えば、複数の冷蔵庫の製品仕様やユーザーレビュー）を分析、比較、集約した情報を提供します。

三次情報：これは二次情報をさらに分析、解釈、評価した情報で、例えばＧｏｏｇｌｅ検索結果がそれに該当します。Ｇｏｏｇｌｅの検索アルゴリズムは、ウェブ全体の一次情報と二次情報を分析し、ユーザーが入力した検索キーワードに最も関連性の高い情報を提供します。三次情報は、多種多様な情報源からの情報を統合し、ユーザーにとって最も有用な情報を提示するという形で生成されます。

「冷蔵庫」に関する情報を次元別にみてみると、右記のような構造になっています。ここに生成ＡＩが登場すると、どのような変化が起きるでしょうか。各メーカーが保持する冷蔵庫の商品情報やＳＮＳ上のレビューなど、各種一次情報を生成ＡＩが直接まとめることで、直接ユーザーに対しておすすめの冷蔵庫をレコメンド（二次情報の提供）できるようなビジネスモデルが発生する可能性があります。

長期的にみると、この流れは様々な業界で変化を生み出すはずです。

――生成ＡＩが各業界に与えるインパクト

人材業界

生成ＡＩの進化により、一次情報（スキルや経験、経歴など）の解析と分析が自動化される可能性があります。今まで転職エージェントは、様々な人間のスキルや経験、経歴を評価し、二次情報としてまとめて、企業とのマッチングを生み出してきました。しかし、候補者の評価やレコメンドを生成ＡＩが代替してしまった場合、転職エージェントの存在価値は大きく変化するはず。ただ単に転職サイトで、潜在的な転職候補者を探すのではなく、一人ひとりの候補者としっかりと向き合い、生成ＡＩが知り得ないその人の魅力をつかんだり、人間関係を構築したりする能力の重要性が増していくでしょう。

ＥＣ業界

生成ＡＩ技術の進化により、一次情報（商品情報やユーザーの購買履歴など）をまとめ、個々のユーザーに対して直接パーソナライズされた商品やサービスのレコメンドが提供可能になります。例えば、大規模言語モデルは、ユーザーの検索履歴や購入履歴からその人の関心を理解し、それにもとづいて新商品の推奨文を自動生成するはずです。

特に昨今では、メーカーが直接ユーザーと取引するD2Cの注目が高まっています。ECサイトを使わずとも、SNSなどを通じてユーザーと関係性を築き、自社サイトを通じて商品を購入してもらうことで、利益率の向上や長期的なエンゲージメントの形成を狙えるのです。例えば生成AIは、SNS上のユーザーとのコミュニケーションを自動化し、製品に関する質問に自動で返答したり、個々のユーザーの反応に基づいてパーソナライズされたマーケティングメッセージを生成したりするでしょう。

これから生成AIが発展するなかで、直接様々な商品の情報をユーザーに提供し、そのまま購入できるようになれば、ECサイトの概念そのものも変化する可能性があります。AIによって自動生成された詳細な商品説明やレビュー、購入者の反応などが、各ユーザーに対してパーソナライズされ、直接商品購入のページに統合されれば、消費者の購買体験は大きく変化するはずです。

メディア業界

生成ＡＩ技術の進化は、メディア業界にも大きな影響を及ぼします。

まず、ニュースや記事の生成は、ＡＩによりますますパーソナライズされ、ユーザーの興味や過去の閲覧履歴に基づく情報が提供されるようになるでしょう。メディア企業は一次情報（特定のニュースイベント、読者の閲覧履歴や興味など）から、読者一人ひとりに対するカスタマイズされたニュースフィードや記事を生成し、提供できるようになります。一方で、記者の仕事も変化するはずです。編集長のような視点で生成ＡＩを活用したり、現場に足を運んで生成ＡＩが得られない一次情報を得たりすることの重要性が高まっていくでしょう。

また、メディア業界でも今後はユーザーとのダイレクトのつながりが重要になるはずです。伝統的に、メディア企業はメディアに広告を掲載することで収益を得てきました。しかし、Ｄ２Ｃのモデルを取り入れることで、メディア企業は自社のコンテンツやサービスを直接読者

■ 生成AI時代の情報のあり方

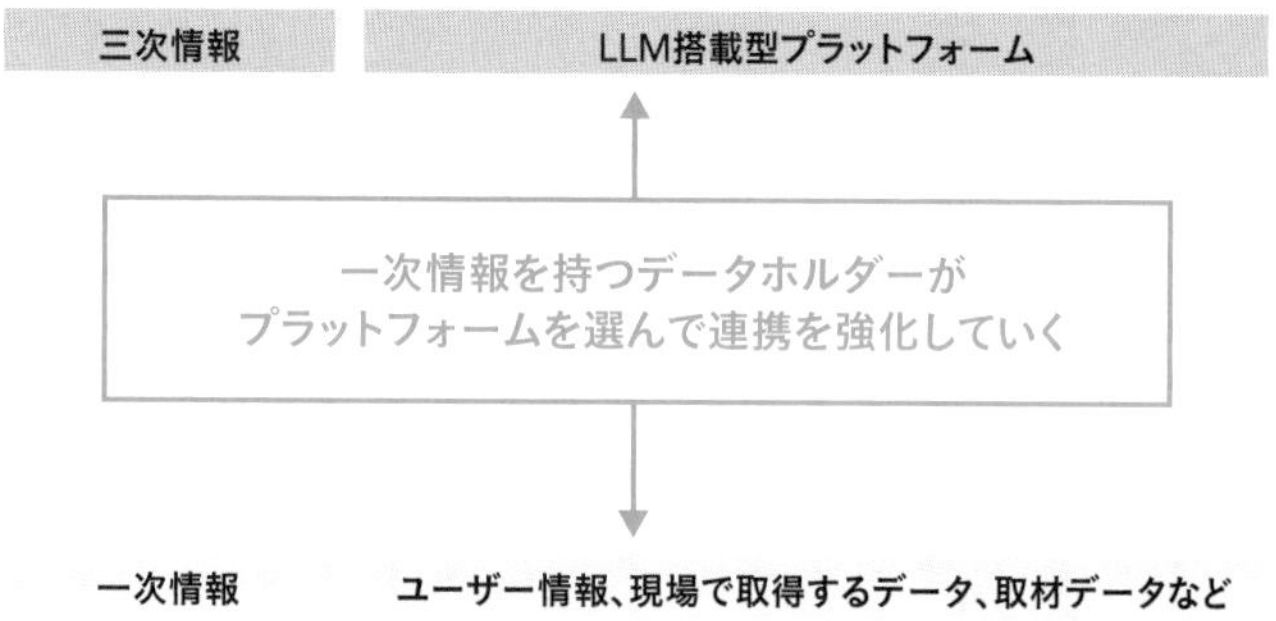

これからは膨大な一次情報と、大規模言語モデルを搭載したプラットフォームとの連携が重要になってくる。二次情報を人間がまとめる必要性は、限りなく薄くなるだろう。

に提供するなど、広告に頼らない収益源を作り出すことができるはずです。例えば、オンラインサブスクリプション、有料ニュース、専門的なリポートや記事、ウェビナーなどがそれにあたります。

　このように、情報を次元で区切ってみてみると、様々な業界の情報の構造が大きく変化し、あわせて人間の重要性やビジネスモデルが変化することを具体的に理解できるでしょう。各業界共通して言えるのは、ビジネスモデルの二極化が進んでいくということです。

　私は、現時点では一次情報を得る力は人間の方が高く、今後もしばらくはこの状態が続くと考えます。一方で二次情報を組み立てるのは、生成ＡＩが優位になっていくはず。すなわち、一次情報の収集力と二次情報を生成するＡＩのマネジメント能力が、ますます人間に求められるわけです。あわせて生成ＡＩを搭載したプラットフォームが今後も発展していき、一次情報を持つ企業（データホルダー）との連携が強化されることが予想されます。

これは、人間にとってはなかなか難しい時代ですが、同時にこのビジネスモデルの変革に伴い、新たなビジネスチャンスが生まれることになります。特に重要なのは自社が持つ一次情報の優位性を考えること。取材、リサーチなどにより、生成ＡＩを超える範囲、深度での各業界の一次情報を保有すれば、他社の追随を許さない競争優位性の源泉となるはずです。

3-2

生成ＡＩを活用したプラットフォームがさまざまなツールと連携する時代

これからは、生成ＡＩを搭載したプラットフォームと様々な一次情報を持つデータホルダーとの連携が強化されるだけでなく、生成ＡＩが様々なツール、サービスを仲介する存在となっ

■ ビジネス視点／AIのアプリ連携の可能性

アプリケーション	AIに指示するだけで実行する機能
勤怠管理アプリ	指定の時間に打刻する
経費精算アプリ	領収書の画像から経費の詳細を入力し、精算する
Eメールアプリ	指定した内容でメールを作成し送信する
スケジューリングアプリ	指定した参加者で会議をスケジュールする
プロジェクト管理アプリ	指定したタスクをスケジュールし、関連メンバーに通知する
CRMアプリ	指定した顧客情報を更新し、分析レポートを生成する
データ分析アプリ	指定したデータセットからビジュアルレポートを生成する
ソーシャルメディア管理アプリ	指定した内容でソーシャルメディアに投稿する
社内FAQ	指定した問題に対する解決策を検索し、適用する
ビデオ会議アプリ	指定した参加者でビデオ会議を設定し、招待リンクを送信する

■ プライベート視点／AIのアプリ連携の可能性

旅行予約アプリ	指定の日付と目的地でフライトとホテルを予約する
フードデリバリーアプリ	指定した食事を注文し、自宅に配達する
エンターテイメントアプリ	指定した映画や音楽を再生する
オンラインショッピングアプリ	指定した商品をカートに追加し、購入する
フィットネスアプリ	指定したワークアウトのトラッキングを開始する
家庭用IoTアプリ	指定した時間に家の照明を点ける、温度を調整する
読書アプリ	指定した本を検索し、購入またはダウンロードする
リモートラーニングアプリ	指定したトピックやコースを検索し、学習を開始する
メンタルヘルスアプリ	指定した時間にリラクゼーションのエクササイズを開始する
音楽ストリーミングアプリ	指定したアーティストの曲を再生する

ていくと私は予想します。あらゆるサービスが生成ＡＩの機能を搭載し、まるで一人ひとりに秘書がつくようなイメージで業務が推進されるようになるはずです。実際、ＣｈａｔＧＰＴはプラグインを提供し、「食べログ」などの様々なサービスが連携した機能を提供をスタート。ＡＰＩの提供も加速度的に拡大しています。

また、この考え方は「入力がテキストである」という前提になっていますが、今後の生成ＡＩは、ｃｓｖなどのファイルや画像、音声など様々な情報を複合的に入力できるように進化していくことが予想されます。様々な情報を処理できるようになれば、さらに秘書としてのＡＩの役割は増え、利便性が大きく向上するはずです。

しかし、プラットフォームの連携にはいくつかの課題も存在します。それはセキュリティやプライバシーの問題、データの正確性や信頼性の確保などの課題です。また、今後、生成ＡＩが人間の意図や価値観をどれくらい理解できるようになるのかというのも重要な視点です。異なるツールやサービスの組み合わせによって生じる互換性の問題も解決すべき課題といえるでしょう。

■ 生成AI新しい役割

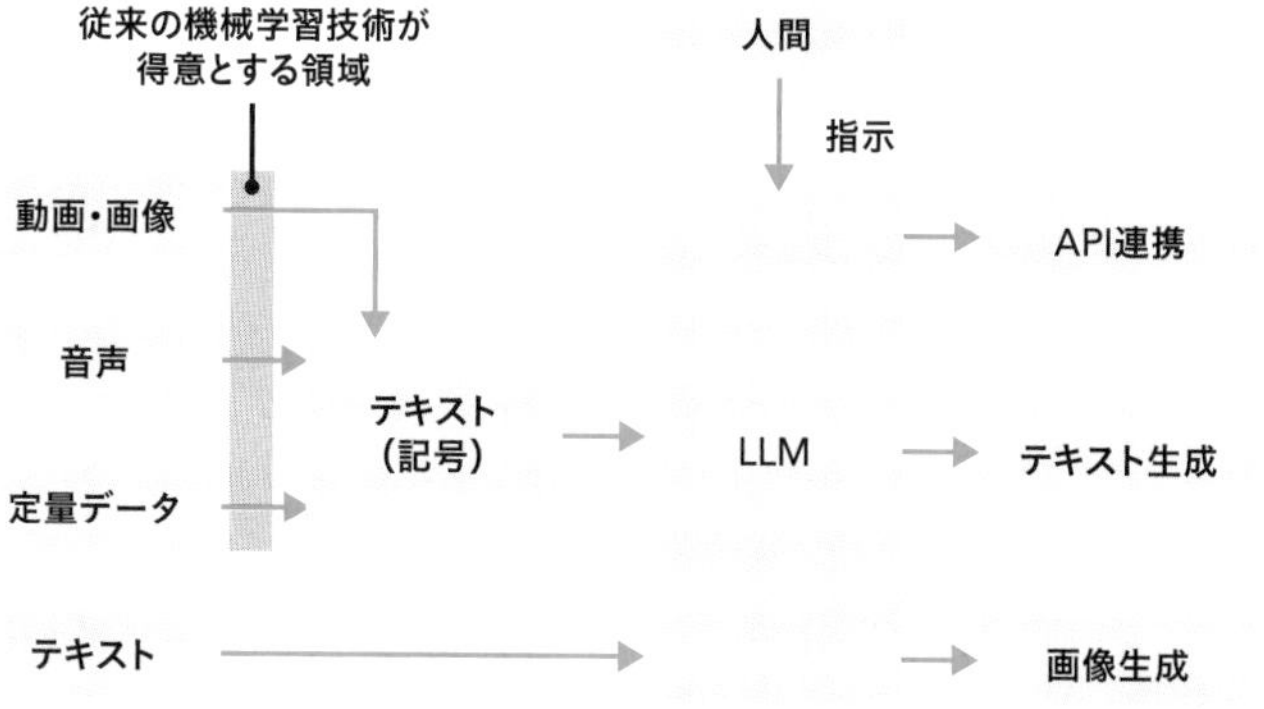

生成AIがインプットとアウトプットを仲介するイメージ。中心にLLM(大規模言語モデル)が存在し、様々なアウトプットを生成。人間はあくまでディレクションを担う。

このような課題に対応するためには、産業界や政府、研究機関は、相互に連携して標準化やガイドラインの策定を行う必要があります。2023年5月には、生成AI活用普及協会が誕生。産業の再構築を見据えて、生成AI活用を社会に実装していくために、スキルの習得・可視化を推進しています。

生成AIを活用したプラットフォームの連携は大きな可能性を秘めており、より効率的でパーソナライズされたサービスの提供や新たな価値の創造が期待されます。産業界が連携し、課題を解決しながら安全で持続可能な連携環境を構築することで、より良い未来を築いていくことができるでしょう。

3-3

生成AIビジネスで強いのはバーティカルモデル

――「バーティカルモデル」と「ホリゾンタルモデル」

生成AIの今後の可能性をとらえるうえで、事業を「バーティカルモデル」と「ホリゾンタルモデル」のふたつの視点で区別して考えてみることも重要です。

バーティカルモデルは、特定の業界や市場セグメントに特化した事業展開を指します。この事業展開の企業は、特定の業界において専門的な知識やリソースを持ち、競争力を高めることでシェアを拡大させていきます。

ホリゾンタルモデルは、異なる業界や市場にわたって同じ職能や機能に特化した事業展開を指します。企業は、特定の職種や機能において専門的な能力やリソースを得て、それを横断的に展開することで、複数の業界や市場で活動します。例えば、デジタルマーケティング会社が

■ ふたつの業界で異なるAIの役割

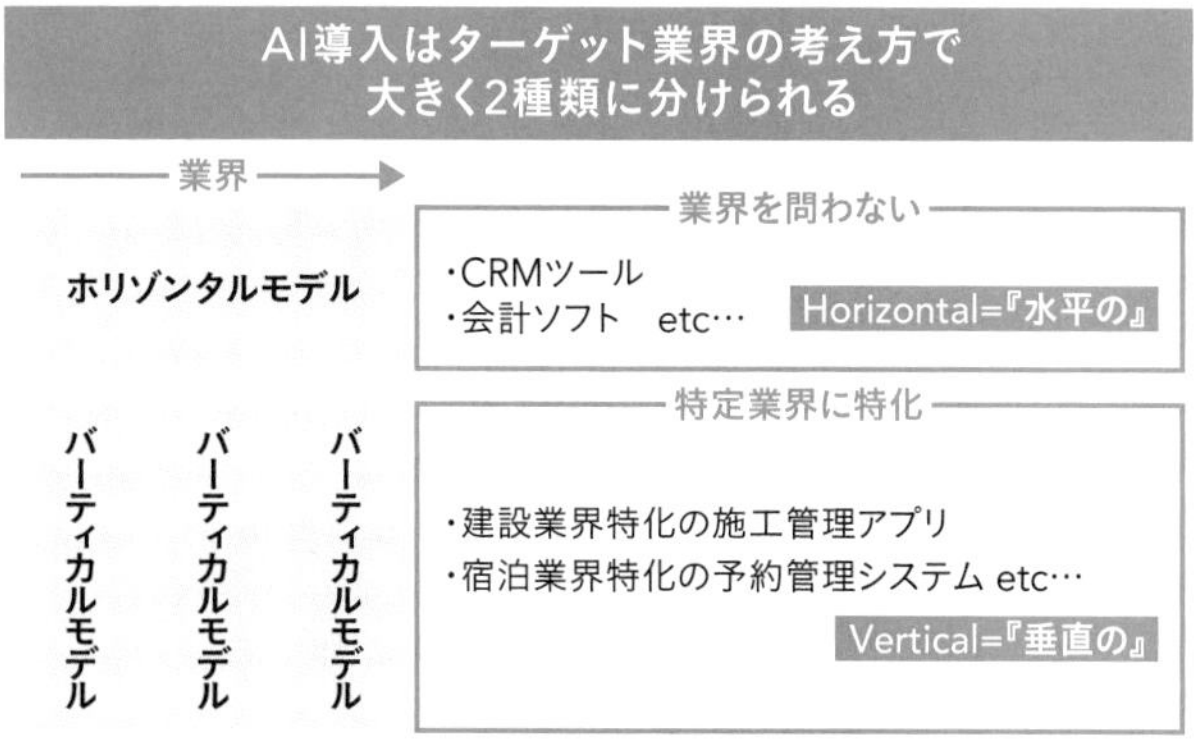

ホリゾンタルモデルとバーティカルモデルの違いを示してみた。現状、生成AIはホリゾンタルモデルに強いが、今後はバーティカルモデルでの価値が上がるはず。

異なる業界や市場で横断的にマーケティングサービスを提供する場合、それはホリゾンタルモデル展開といえます。

　したがって、バーティカルモデルは業界特化を意味し、企業が特定の業界において深い専門性を持つことを重視します。一方、ホリゾンタルモデルは職種や機能に特化し、企業が異なる業界や市場で同じ専門分野のサービスや製品を提供することを目指します。

　生成ＡＩでは、業界に特化するのではなく、マーケティングなど特定の職種に特化したホリゾンタルな視点での活用検討が多いのが現状です。職種別の方が、ノウハウをまとめやすく、その横展開も容易だからです。一方で、先述の一次情報の重要性を踏まえると、各業界特有の一次情報に特化した活用や、各業界ならではの課題に特化させたバーティカルな視点も今後求められていくと考えています。

なぜバーティカルモデルの重要性が高まるのでしょうか。それは、業界ごとに様々な深い課題が存在し、生成ＡＩの活用でそれらが解決できる可能性が高いからです。例えば、医療業界では医学的な専門用語や文脈を正確に理解しなければなりません。法律業界では法的な文書や契約書の解釈が求められます。金融業界では株式市場や経済情報に関する洞察が不可欠です。

バーティカルモデルにおける生成ＡＩは、業界固有の課題に特化したチューニングを施すことで、高い能力を発揮するはずです。業界専門のトレーニングデータやドメイン知識を組み込んで訓練されることで、その業界のニーズに対応した精度の高い生成が可能になります。また、業界の課題に合わせた機能を提供すれば、さらに顧客満足度は向上するでしょう。

ただし、バーティカルモデルでのＡＩ導入にも課題が存在します。それは、業界ごとに異なる要件や文脈を把握するには、大量の専門知識やデータが必要だということ。また、複数の業界にまたがる問題に対応するには、異なるバーティカルモデル間の統合やデータの整合性が求められます。すなわち、参入ハードルは高いものの、競争優位性を持ちやすいのがバーティカルモデルでのＡＩ導入の特徴です。

バーティカルモデルでのＡＩ活用例

バーティカルモデルの例をひとつご紹介します。東京大学／松尾研究室発のＡＩスタートアップ企業である燈株式会社は、建設業界を主要な事業ドメインとしてＡＩやＤＸ関連事業を展開する企業です。

日本の建設業界では、国土交通省が発行する建設標準仕様書がよく参照されます。これらの標準仕様書には、土木工事や建築工事における工事の実施方法、品質管理の手法、材料の種類とその性能など、様々な指導原則や基準が記載されています。これらの仕様書は何百ページに及び、また、非常に詳細で複雑であるため、それを適切に読み解くためには深い専門知識と経験が欠かせません。加えて、新しい建築技術や材料、規制の変更などに対応するためにこれらの仕様書は定期的に更新され、最新の情報を常に把握する必要もあります。

この標準仕様書をベースに各建築プロジェクトでは、特定のプロジェクトに適した詳細な特記仕様書を作成する必要があり、建設業界では膨大なテキスト処理業務に追われ、時間外労働や人材不足などの課題がのしかかっているのです。

さらに建設業界の各社では、大量の一次情報が活用されない課題もあり、測量データ／設計図書／BIM(Building Information Modeling)／仕様書をはじめ、議事録や大量の紙やPDFが眠ったままになっているケースも多いのです。燈株式会社は、この建設業界のバーティカルな課題を特定し、建設業に特化した大規模言語モデル「AKARI Construction LLM」の提供を2023年3月16日に開始しました。

これは、チャットベースで質問をすると、過去の標準／特記仕様書や議事録から知りたい事例についてエビデンス付きで参照情報を出し、回答してくれるというもの。また、例えば「二階の床の仕上げ材について値段」などの質問に対しては、仕上げ表からの拾いやGoogle

で調べた仕上げ材単価をもとに計算してくれます。さらに特記仕様書の作成時に文章作成をサポートしてくれる機能も提供されているのです。

このように、業界ごとのバーティカルな一次情報の活用、情報処理の課題に着目すると、その業界ならではの生成ＡＩの活用法が見えてきます。競争優位性を築きやすくなるメリットがある以上、今後も様々な業界特化型の生成ＡＩが誕生してくるでしょう。

まとめ

■情報を一次情報、二次情報、三次情報にわけて考えることで、人間とAIの果たすべき役割の違いがわかる。
■今後は、生成AIを搭載したプラットフォームと様々な一次情報を持つデータホルダーとの連携が強化され、新たなサービスが生まれる。
■バーティカルモデルとホリゾンタルモデルで生成AIの役割は異なるが、今後はバーティカルモデルでの重要性が高まる。

Chapter

4

生成ＡＩを社内で活用するために理解しておくべきこと

4-1

常に優先されるべきは現場のＥＸ

生成ＡＩの導入、活用推進において、常に優先されるべきは現場の従業員のＥＸ(Employee Experience) です。

大規模言語モデルは汎用的なＡＩ技術。その性能は非常に高く、多くの場面でその効果を発揮します。しかしながら、その全能ぶりばかりに目を向け、現場の具体的な課題を見逃してしまっては、生成ＡＩの本質を見失うことになるでしょう。

現場の課題とは何か。その意味を理解するためには、まず「ＡＩ」と「現場」というふたつの要素を理解しなければなりません。ＡＩは、人間の思考や判断を模倣し、自動化する技術であり、その基本的な目的は人間の作業を助けることです。一方、現場とは具体的な業務が行われる場所や状況を指し、そこには具体的な課題や問題が多数存在します。

ＡＩは、自ら思考して判断する能力を持つことから、現場の課題を解決する強力なツールとなり得ます。しかし、その一方で、ＡＩの使用には適切な設定や環境が必要であり、それらが現場の実情に即していなければなりません。具体的に言うと、ＡＩが何をすべきか、どのように動作するべきか、またその出力がどのように現場の業務にフィットするかなど、その適用範囲と働き方を理解し、調整する必要があるのです。特に生成ＡＩ活用においては、ＣｈａｔＧＰＴなどの生成ＡＩへの指示であるプロンプトの重要性が非常に高くなります。質が高いプロンプトをどうすれば入力できるかなど、現場の従業員が生成ＡＩをストレスなく活用できる方法を考えることが大切です。

大規模言語モデルの汎用性は「あらゆる業務に適用可能である」という意味ではなく、「あらゆる業務に適応するための学習能力を持つ」という意味です。つまり、この汎用性があるからといって、現場の課題を無視し、一概にすべての業務に適用しようとすると、結果的には効果が出ない、あるいは逆効果になる可能性さえもあります。

したがって、大規模言語モデルの活用を進めるためには、まず現場の課題を理解し、それに対する適切な解決策をＡＩに提供することが重要なのです。そのためは、ＡＩ技術者だけでなく、現場の担当者もＡＩ活用の場面に参加し、共に考え、共に動くことが求められます。

確かに大規模言語モデルの汎用性は、現場の課題を解決するツールとしての可能性を秘めています。しかし、その活用にあたっては、現場の実情を理解し、それに対する適切な設定や調整を行うことが欠かせません。これが真にＡＩを活用する道であり、この理解がＡＩ技術の普及と発展に寄与すると私は確信しています。

4-2

部分最適と全体最適の使い分け

生成AIの活用を進めるうえで重要なのは、部分最適と全体最適を使いわけることです。部分最適は、例えば各部門で特有の業務やシステムに対してChatGPTなどの生成AIをAPI連携させるケースなどが考えられます。全体最適は、全社で汎用的な業務を効率化し、トップダウンで生産性をあげる方法で、ChatGPTなどの生成AIの導入環境を整えることなどが挙げられます。本書では、上記の2つを「特化型生成AI(部分最適)」と「汎用型生成AI(全体最適)」に区別して解説します。

AIの普及に伴い、企業は生成AI、特にChatGPTのようなツールを社内でどのように活用すべきかを模索しています。社内でこの種のAIを活用するためには、ただChatGPTの費用を補助し、ChatGPTを利用できる環境を整えさえすればいいと考えがちですが、それでは本質的な課題解決にはつながりません。

まず第一に、現場の業務をプロンプトで再現するのが難しいという課題があります。生成

ＡＩは特定のプロンプトに基づいて適切な出力を生成しますが、業務フローやワークフローの複雑性を考慮すると、それらを適切なプロンプトとして表現し、さらにはそのプロンプトに対する適切な応答をＡＩが生成できるようにするのは容易なことではありません。

次に、企業が既に利用しているシステムと生成ＡＩとの連携が必要です。現状では、多くの企業が既存の業務システムを持っており、それらとの完全な連携が重要になります。それらのシステムが生成ＡＩと緊密に連携しなければ、実際の業務を効率的に自動化することは難しいでしょう。

そして最後に、セキュリティ上の課題も無視することはできません。ＡＩツールは大量のデータを扱うため、情報漏洩や不適切な使用のリスクが常に存在します。これらのリスクに対処するためには、厳格なデータ管理とアクセス制御が必要です。

これらの課題を解決するひとつの方法は、先に述べたように特化型生成ＡＩ（部分最適）と汎用型生成ＡＩ（全体最適）のアプローチを適切に使い分けることです。

特化型生成ＡＩ（部分最適）では、各部署で運用されているシステムと生成ＡＩのＡＰＩを連携させ、人間が直接プロンプトを入力しなくても、ＡＰＩ経由で自動的に情報が生成ＡＩにインプットされる状況を作り出すことが大切です。これにより、各部署は特定のタスクを自動化し、より高度な業務に人間のリソースを集中させることが可能になります。

一方、汎用型生成ＡＩ（全体最適）は、全社員が「要約」、「報告書作成」、「メールレスポンス」などの汎用的なテキスト業務を効率化できるように、ＣｈａｔＧＰＴなどの生成ＡＩツールを社内で広く利用できる状況を作ることを目指します。このためには、コミュニケーションツール「Ｓｌａｃｋ」などと生成ＡＩを連携させるなど、全社員が生成ＡＩに、より簡単に、より素早くアクセスできる環境を整えることが必要となります。

私は、生成ＡＩの真の力は、ＡＰＩ連携を通じて発揮されると考えます。メールと生成ＡＩを連携させるとしても、ＡＰＩ連携がなければ、メール着信時に人間が情報を手動で入力し続ける必要があり、これは意味がありません。しかしＡＰＩが連携されていれば、メールの内容をＡＩに自動的に伝え、ＡＩが適切な応答を生成できるようになるでしょう。これにより、ＡＩの力を最大限に引き出し、生産性を向上させることが可能となります。部分最適でも全体最適でも、ＥＸの向上を第一に考え、インターフェースを整えることが重要なのです。

4-3

生成ＡＩ導入に必要な社内政治

生成ＡＩの導入や活用を実現するためには、単に技術を採用するだけでなく、社内の様々な部署やステークホルダーとの協力が必要不可欠です。これを成し遂げるためには、自社内での「社内政治」の理解と活用が必要となります。

「社内政治」という言葉に対する反応は人それぞれでしょう。一部の人々は「我々の企業はオープンであり、社内政治は不要だ」と考えるかもしれません。しかし、企業は多様な業種、職種、ポジションの人々から成り立ち、そのなかで様々な思惑や圧力が交錯しています。そのため、社内政治を無視するのは実際には危険だと私は考えます。

社内政治とは「会社のことをよく理解し、敵を作らずに味方を増やし、自分の居場所を確立して最終的に自分のアイデアを実現していく」ものです。決してドロドロした根回しのことだけを指すわけではありません。大規模言語モデルの導入に関わる担当者にとっても、この社内政治は避けて通れません。

生成ＡＩの導入には、社内のあらゆるレベルでの調整が求められます。しかし、残念ながら、多くの導入担当者にとって社内政治は後回しにされがちな存在です。人間関係が悪化すると、企画が通らなかったり、予算が承認されなかったりと、どうしても障壁が生じてしまうもの。それが生成ＡＩの導入を阻む壁となりうる以上、ある程度の交通整理は欠かせないのです。特に生成ＡＩのような高度なＡＩ技術の導入では、「ＡＩの知識を深めることが楽しい」「ＡＩがあれば業務が効率化する」イコール「導入も簡単にできる」と、短絡的に考える人が多く、社内政治の重要性が見落とされがちです。

なぜ生成ＡＩの導入に社内政治が重要なのか。それは部署間の連携が欠かせないからです。

大規模言語モデルの導入においては、法務部と連携して契約や導入後の法律への適合性を確認したり、情報システム部と連携して既存システムとの互換性を確認したり、その他の部署から必要なデータを集めたりと、様々な部門の連携が必要となります。部署によっては「仕事を奪うもの」と認識されることもあるので、その点もコミュニケーションで解決することが必要です。自社の競争優位性を高めるために生成ＡＩを有効活用していくというスタンスを社内で広げることがなによりも重要となるのです。

さらに、大規模言語モデルを導入を実施する部署と、そのモデルを実際に活用する現場部署との間での調整も重要です。現場の課題を正確に理解し、それを大規模言語モデルの導入に反映させることが求められます。

以上を踏まえると、社内政治は、大規模言語モデルの導入と活用にとって重要なひとつのファクターであると私は考えます。大規模言語モデルの導入担当者は、これを理解し、自分の役割を社内全体で共有し、各部署との連携を深め、自身の立場を確立し、アイデアを実現するための社内政治力を養うべきでしょう。

まとめ

■生成ＡＩの活用推進においては、現場の業務課題を理解し、それに対する適切な設定や調整を行うことが欠かせない。

■生成ＡＩの導入には「部分最適」と「全体最適」を使い分ける視点も需要。

■部署間の連携が欠かせない生成ＡＩ導入では、社内政治を適切に行い、各部署の協力体制をまずは確立するべき。

Chapter

5

「業務理解が第一歩」生成ＡＩの導入ステップ

5-1

プロジェクトの組成

プロジェクトを進めるうえで最も重要なステップのひとつは、適切なプロジェクトチームの組成です。この章では、生成ＡＩ活用推進におけるプロジェクトの組成について考えてみたいと思います。

まずプロジェクトでは、各自の役割と責任を明確にすることが重要。生成ＡＩプロジェクトと今までのＡＩプロジェクトとの違いは、自社で大規模なモデルを作らない限りは、データサ

■ **生成AIプロジェクトに必要な人材**

従来のAIプロジェクト	生成AI活用プロジェクト
■ プロジェクトマネージャー ■ データサイエンティスト ■ 機械学習エンジニア ■ ソフトウェアエンジニア ■ ドメインエキスパート ■ データアナリスト	■ プロジェクトマネージャー ■ ドメインエキスパート ■ ソフトウェアエンジニア(開発が発生する場合) ■ 機械学習エンジニア（独自に大規模言語モデルを開発する場合）

生成AIの活用を進めるプロジェクトメンバーの例。生成AIプロジェクトでは、専門技術者以上に、自社の「業務理解」が深い人材の重要性が高い。

イエンティストや機械学習エンジニア、ソフトウェアエンジニアなどの職種の重要性が高くないという点にあります。一方で、今までのAIプロジェクト以上に、業界や自社の業務に特化したドメイン知識を持つエキスパートの重要性が高まります。生成AIを活用する具体的な領域においては、ビジネスニーズや問題点を理解した人が、生成AIに入力するプロンプトの質を担保する役割を果たすためです。

どのプロジェクトにも共通することですが、プロジェクトの成功にはプロジェクトマネージャーの役割も欠かせません。彼らは、スケジュール管理やリソースの配分、コミュニケーションの円滑化など、プロジェクト全体の進行を監視、管理します。特に生成ＡＩは、現場で活用されて初めて価値を生む技術。ほとんどの場合、大規模な開発の必要がないため、プロジェクトの成果は「現場にいかに活用されるか」に集約されてしまいます。その意味では、現場を巻き込むマネージャーの役割は重要です。

さらに、チームの連携を強化するために、適切なコミュニケーションツールやプロジェクト管理ツールを導入することも大切。メンバー同士が情報を共有し、タスクの進捗状況を把握できる環境を整えることで、プロジェクトの進行をスムーズにすることができます。

また、組織の形態にも目を向けてみましょう。企業でＡＩ導入やＤＸ推進を行う組織を見ると、「集中型」「ハブ・アンド・スポーク型」のふたつの組織の型に分類することができます。生成ＡＩの活用を考えるうえでは「ハブ・アンド・スポーク型」の組織が望ましいと私は考えています。もちろんこれらのふたつの型は一般論となっており、会社によってはこれらの要素が組み合わさった形態も存在するかもしれません。

それぞれ説明しましょう。まず、集中型組織は、ＤＸの戦略的な決定や実施を中央の部門やチームが主導する形態です。主な特徴は以下のとおりです。

- **決定権集中**：生成ＡＩ活用の方向性や優先順位、リソース配分などの重要な決定は中央の組織や部門が行います。
- **プロジェクトチーム**：専門のチームや部門が中心になって推進され、他の部門はその指示に従います。
- **統制と一貫性**：集中型組織は、一貫性のある戦略やアプローチを実現しやすく、ＤＸの成果を全体組織に均等に浸透させることができます。

ハブ・アンド・スポーク型組織は、中央の「ハブ」部門が戦略的な指針やリソース提供を行いながら、各部門やチームがＤＸの実施を担当する形態です。主な特徴は以下のとおりです。

- **権限の委譲**：中央のハブ部門は戦略的な方針を提供し、各部門やチームに権限を委譲して生成ＡＩ活用を推進します。

■ **ローカルな対応**：各部門やチームは自身の特性やニーズに応じた生成ＡＩ活用推進の計画や実施を行い、ハブ部門の指導を受けながら活動します。

■ **柔軟性と適応性**：ハブ・アンド・スポーク型組織は、各部門やチームが柔軟に生成ＡＩを取り組み、変化に対応しながら進めることができます。

従来のＡＩ活用やＤＸ推進では、「ＡＩ推進室」や「ＤＸ推進室」が設けられ、全社的なＡＩ、ＤＸの推進を一手に請け負う集中型のパターンが一般的でした。この組織体系は、高いスキルを有したメンバーを一挙に集めることができ、複雑なプロジェクトも推進しやすい状態にしてくれるのがメリットです。一方で、現場との接点が薄くなってしまいがちになるというデメリットもあります。

しかし、生成ＡＩ活用プロジェクトでは「現場で使われること」が最も大切な目標です。ＡＩに関する知識が豊富でスキルが高い人材をひとつの部署に集中させるよりも、現場のドメイン知識に富んだメンバーをスポークとして各部署に設置しながら、連携を強化していくやり方のほうが前述の最終目標を達成しやすいと私は感じます。

■「集中型」組織の特徴

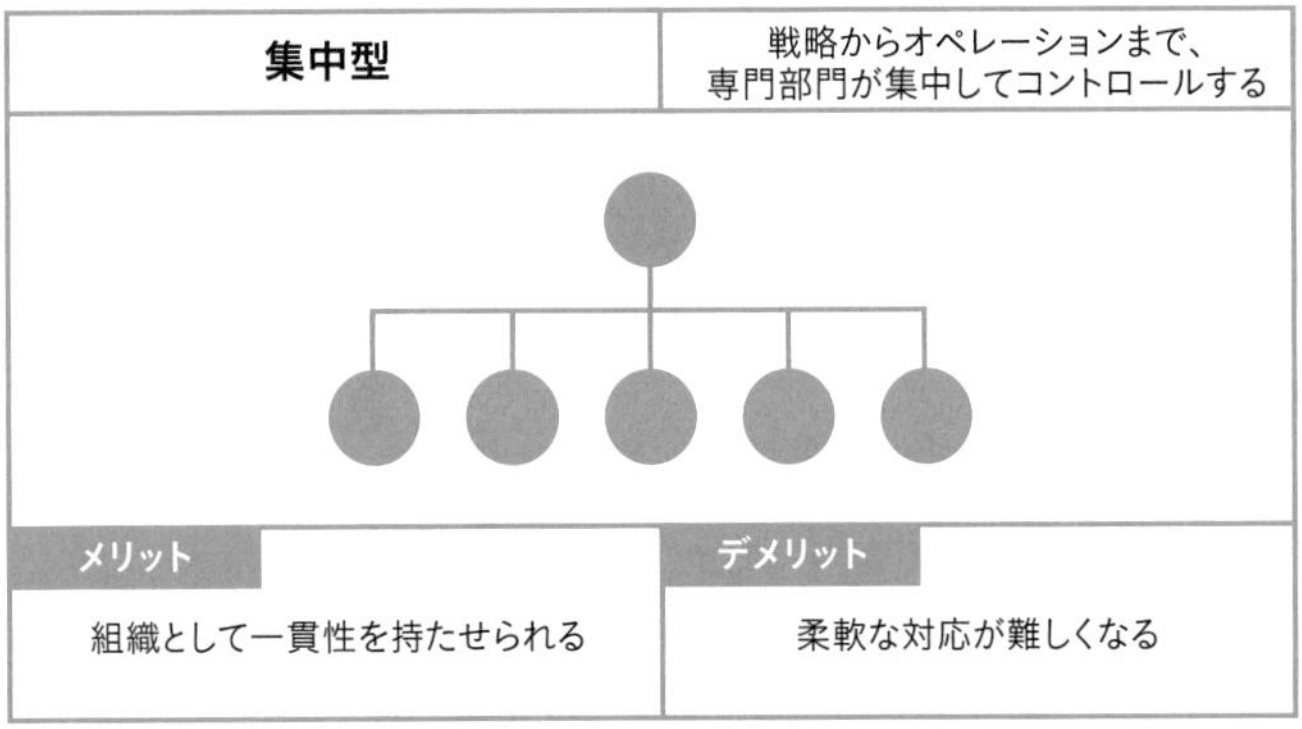
集中型
戦略からオペレーションまで、
専門部門が集中してコントロールする
メリット
組織として一貫性を持たせられる
デメリット
柔軟な対応が難しくなる

集中型組織の概要。トップダウン形式で、スピーディなプロジェクト運営が可能。一方で、部門ごとに対応を変えるような柔軟性は薄れてしまう。

■「ハブ・アンド・スポーク型」組織の特徴

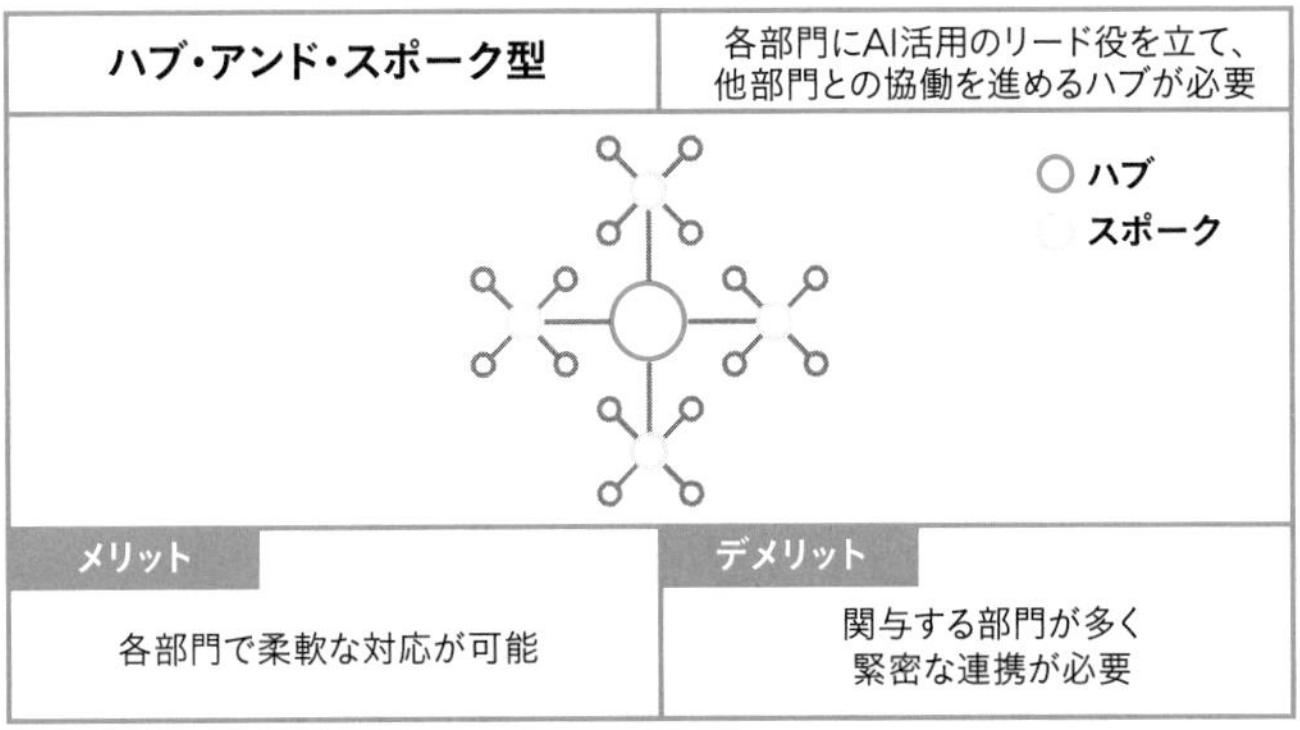
ハブ・アンド・スポーク型
各部門にAI活用のリード役を立て、
他部門との協働を進めるハブが必要
ハブ
スポーク
メリット
各部門で柔軟な対応が可能
デメリット
関与する部門が多く
緊密な連携が必要

ハブ・アンド・スポーク型組織の概要。権限を委譲し、柔軟にプロジェクトを推進できる。どれだけ緊密な連携が取れるかがカギ。

これは、「委員会形式」のようにとらえるとわかりやすいかもしれません。ハブ・アンド・スポーク型の組織では関与する部門が増加し、緊密な連携を行うのが大変になるというデメリットがあります。しかし生成ＡＩは、そもそもあらゆる業種に影響を与える汎用的なＡＩモデルです。集中型の組織で影響する範囲をすべて見極め、全社の生成ＡＩ活用を一手に担うのは、困難を極める作業だと思います。

私の経験では、ハブ・アンド・スポーク型組織の形態をとりながら、現場の各部門に社内のプロンプトエンジニアを配置することで、現場ドリブンな生成ＡＩ活用を効果的に進めることができると感じます。また、ハブ・アンド・スポーク型の組織を取り入れる場合は、各部署の部長などの上位レイヤーのメンバーも合わせて参画してもらうことも重要。生成ＡＩの活用を進めるうえで大切な「スピード感」を維持するために欠かせないファクターだと思います。

5-2

現場のヒアリング

今までの「作るＡＩ」は、課題を正確に特定し、その構造を理解して的確なソリューションを設計する必要がありました。一方、大規模言語モデルなどの生成ＡＩは、様々なタスクに汎用的に対応できるため、現場をヒアリングし、課題の解像度を高めることの重要性が低くとらえられがちです。しかしそれは間違い。課題の解像度が低いままでは、ＣｈａｔＧＰＴなどのツールを現場に導入しても、どのようにプロンプトを構築すればいいかわからないなどの問題が生じてしまいます。現場従業員の悩みにぶつかってしまい、結局活用が進まない状態が生じてしまうのです。

生成ＡＩはあらゆるタスクに対応できる可能性がありますが、大切なのは現場で負荷が高い業務は何かをしっかりとヒアリングし、優先度の高い課題を特定しておくこと。そして、それを解決できるプロンプトを準備することです。そうすれば現場メンバーの生成ＡＩへの信頼度を高めることができるでしょう。

プロジェクトにおいて、現場の課題を収集する方法はいくつかあります。以下にいくつかの方法をご紹介します。

■ **ユーザーインタビュー／ユーザーサーベイ**：現場の関係者や利用者と面談したり、アンケート調査を行ったりして、意見や要望、現在の課題を収集します。これにより、実際に現場で直面している問題を理解することができます。

■ **ワークショップ**：関係者や利用者とのワークショップを実行し、現場の問題や改善のためのアイデアを収集します。参加者が直接意見を交換することで、より深い洞察が得られることがあります。

■ **プロセスマッピング**：現場の業務プロセスを可視化し、どのステップや手順で問題が発生しているかを特定します。プロセスマッピングによって、ボトルネックや無駄な手順が明らかになり、改善のための方向性が見えてきます。

■ **データ分析**：現場で収集されたデータやシステムのログを分析して、現在の課題やパフォーマンスの問題を特定します。データに基づいた分析は客観的な視点を提供し、重要な洞察を明らかにすることができます。

■ **プロジェクトチーム内のフィードバック**：プロジェクトチームのメンバーに、現場の問題や課題に関する意見やフィードバックを求めます。チームメンバーは、自身の経験や専門知識に基づいて有益な情報を提供することができます。

これらの方法を組み合わせることで、現場の課題を包括的に収集し、生成ＡＩ活用推進プロジェクトの成功に向けた取り組みを進めることができます。ただし、重要なのは情報を収集するだけでなく、その情報を適切に分析・整理し、優先順位を付けて取り組むことです。

5-3 生成ＡＩを中心にしたシステム全体像の設計

プロジェクトを組成し、現場の課題のヒアリングが済めば、課題をベースに生成ＡＩを中心にしたシステムの全体像の設計に移行ができます。ここで指しているシステム設計とは、必ずしも開発を伴うものではありません。部分最適、全体最適のそれぞれにおいて、一般公開されているサービスなどをどのように組み合わせて従業員に生成ＡＩを提供するのかを考えることが重要です。

このフェーズで検討すべき項目は以下です。

■ **どのサービスで生成ＡＩを活用するか**：ＣｈａｔＧＰＴなどのＯｐｅｎＡＩ公式のサービスを利用するだけでなく、ＧＰＴ系のモデルのＡＰＩを活用し、社内活用に特化させたツールも多く生まれています。どんなサービスを使えば、生成ＡＩがより使いやすくなるかを検討することが大切です。

■ **サービス同士の連携をどうするか**：自社で活用しているツールやデータベースと生成ＡＩの連携ができなくては、人間がプロンプトを入力する工数がどうしても発生してしまいます。その解決には、シームレスに社内の各サービスと生成ＡＩが連携できるかを検討することが大切です。今後は、ＯｐｅｎＡＩのＡＰＩと各サービスの橋渡しになるようなプラットフォームも多く生まれてくることが予想されます。

■ **各部署のシステム構築の必要性**（特化型生成ＡＩ）：特定の部署の特定の業務やシステムが特化型の生成ＡＩによって大幅に効率化される場合は、業務と生成ＡＩとをどのように接続すれば、望んだ結果が得られるのかを検討しましょう。

■ **目的と範囲**：システムの目的と範囲を定義することが重要です。システムがどのような機能を提供し、どのような価値をユーザーに提供するのかを明確化しましょう。具体的な目標や期待される成果物を明確にすることで、設計の方向性を定めることができます。

■ **ユーザーインタフェース**：生成AIを活用したシステムのユーザーインタフェースを設計し、ユーザーがシステムを効率的に利用する方法や手段を考えます。テキストベースのインタラクション、音声認識、GUI（ボタン、メニュー、ウィンドウなどを使用してユーザーがコンピュータシステムを操作する方式）など、適切なインターフェースを選定し、ユーザーの利便性と使いやすさを追求します。

■ **応答生成ロジックの設計**：ユーザーの入力に基づいて、生成AIが適切な応答を生成する方法を決定します。対話の文脈やユーザーのフィードバックを考慮して、生成AIの応答を調整することも重要です。個人情報や機密情報などを入力しない工夫なども検討が必要でしょう。

■ **モデルの統合と実装**：既存の大規模言語モデルを利用する場合、モデルの構築やトレーニングは不要ですが、生成AIモデルの統合と実装は重要なステップです。適切なAPIやフレームワークを使用して、生成AIモデルをシステムに統合しましょう。性能や応答時間などの要件に応じて、モデルのパフォーマンスを最適化することも考慮します。

■**フィードバックの収集とシステムの改善**：システムの改善と継続的な最適化を目指すために、ユーザーフィードバックの収集と分析を行います。ユーザーの意見や要望を集約し、システムの改善に生かします。フィードバックに基づいて応答ロジックやインターフェースを調整し、システムの品質向上に努めます。

■**セキュリティとプライバシー**：セキュリティとプライバシーも考慮しなければなりません。特に、機密情報を含むデータのやり取りや外部ＡＰＩ連携が行われる場合は、適切なセキュリティ対策やプライバシー保護策を講じる必要があります。データの漏洩や不正利用を防ぐため、セキュアな通信手段やアクセス制御の確保も欠かせません。

もちろん、ＣｈａｔＧＰＴなどのサービスを使える環境を整えるだけでも、生成ＡＩの活用を進めることはできます。しかし、自社のデータとの連携や各ツールとの連携を考慮すると、ＯｐｅｎＡＩが提供するＡＰＩなどを利用して、システムを構築することが重要であり、多角的にそちらの可能性を模索すべきです。

特定のドメインやタスクに特化しない場合でも、生成ＡＩを中心としたシステムではユーザーインターフェースや応答生成ロジックの設計などが重要になります。ユーザーのニーズに合わせた使いやすさやシステムの柔軟性を追求し、継続的な改善を行うことで、高品質な生成ＡＩシステムを実現することができるようになるはずです。

5-4

生成ＡＩの導入環境の構築

――プロンプトエンジニアリングなど、生成ＡＩの活用スキル教育

生成ＡＩを中心にしたシステム全体像の設計が済んだら、生成ＡＩの導入環境を構築していきましょう。生成ＡＩを導入するうえでは、ハードスキル（ツールや技術や専門知識など）よりもソフトスキル（コミュニケーションスキル、さらには協調性、論理的思考力、創造性など）が重要です。さらには生成ＡＩを活用する文化の醸成なども必要になってきます。

生成ＡＩを活用するうえで最も重要なのは、生成ＡＩを活用するスキルの教育です。私は、

左記のような教育が必要になると考えます。

■ **プロンプトエンジニアリングに関するトレーニング**：プロンプトエンジニアリング（P.146を参照）は、生成AIを制御するためのプロンプトの設計と最適化に焦点を当てたアプローチです。従業員にプロンプトエンジニアリングの基本的な原則やベストプラクティスを教えるトレーニングを提供しましょう。これには、プロンプトの設計方法、適切な文脈の提供、応答の品質向上などが含まれます。

■ **プロジェクトベースの学習**：従業員に実践的な経験を積ませるために、プロジェクトベースの学習を導入しましょう。具体的なビジネス課題やタスクに取り組むプロジェクトを設定し、従業員がプロンプトエンジニアリングを活用して解決策を見つける機会を提供します。これにより、実際の環境でのスキル習得とアウトプットの創出が促進されます。

■ **プロンプトライブラリの作成**：従業員が利用できるプロンプトライブラリの作成も重要。これは、一般的な業務タスクや問題に関連するプロンプトのテンプレートや例文をまとめたものです。従業員はこれを参考にしながら、効果的なプロンプトの作成方法や活用方法を学ぶことができます。プロンプトの共有に特化したサービスを利用したり、

Notionなどのドキュメント系アプリを活用したりすることもおすすめです。

■ **ノウハウの共有とフィードバック**：従業員同士や専門家との定期的なノウハウ共有セッションを設けましょう。成功事例や失敗事例の共有、フィードバックの提供などを通じて、従業員がお互いに学び合い、スキルを向上させることができます。

■ **実践的なデモとワークショップ**：実践的なデモンストレーションやワークショップを通じて、従業員に直接的な経験を提供しましょう。実際のプロンプトエンジニアリングの手法やツールの使用方法をデモンストレーションし、従業員が実際にハンズオンで試してみる機会を提供します。

■ **外部のエキスパートやトレーナーの招聘**：大規模言語モデルやプロンプトエンジニアリングの分野における外部のエキスパートやトレーナーを招聘しましょう。彼らはベストプラクティスや最新の動向についての情報を提供し、実践的なスキルを従業員に教えることができます。

ソフトスキルの強化

ＡＩを効果的に使用するためには、コミュニケーション、クリティカルシンキング、問題解決の能力などのソフトスキルが必要です。これらのスキルは、ＡＩの結果を解釈し、その結果をどのように活用するかを決定するのに役立ちます。

ソフトスキルは、人々が共同で作業を行うときに特に重要な役割を果たします。これはＡＩとの協働においても同様で、ＡＩが提供する情報を適切に解釈し、適切なアクションを選択するためには、一定のソフトスキルが必要です。

以下に生成ＡＩを使う側に必要なソフトスキルを列挙します。

■ **コミュニケーションスキル**：生成ＡＩの出力を理解し、それを他の人と共有するためには、効果的なコミュニケーションが重要です。また、コミュニケーション能力はＣｈａｔＧＰＴなどを利用する能力にも直結します。自分のニーズや目標を具体化し、生成

AIに正確に伝えることが重要だからです。

■**問題解決能力**：生成AIは多くの場合、データからの洞察や予測を提供しますが、その情報をどのように活用するかは人間が決定します。そのため、データにもとづいて問題を解決する能力が重要となります。

■**クリティカルシンキング**：生成AIの出力は必ずしも正確ではなく、机上の空論を提供してしまう場合もあります。そのため、その結果を評価し、その信頼性を判断するためには、クリティカルシンキング、すなわち論理的な思考力が必要です。

■**創造性**：生成AIは新しいアイデアや革新的なソリューションを生み出す能力はまだ限定的です。そのため、生成AIが提供する情報をもとに創造的な解決策を創り出す能力を発揮することは、人間の重要な役割となります。

■**柔軟性**：生成AIとの協働はしばしば見なれないシチュエーションや、新しい問題を引き起こします。新たな状況に対応し、必要に応じて方針を調整する能力は、生成AIとの協働において重要なソフトスキルとなります。

―― データプライバシーと倫理的な使用

また、生成ＡＩを活用するうえで重要なのは、データプライバシーや生成ＡＩの倫理的な利用方法を理解することです。特に生成を使うユーザーに以下の内容を理解してもらうことは必須要件。ドキュメントをまとめたり、勉強会を実施したりするといった工夫が必要でしょう。

まず生成ＡＩは、ユーザーからの質問に答えるためやユーザー特有のライティングスタイルを学習するために、ユーザーの会話履歴やテキストデータを使用することがあります。これらのデータは、特定のユーザーの個人情報を含む可能性があるため、厳重なプライバシー保護措置が必要です。具体的には、生成ＡＩにデータを提供する前に、個人を特定できる情報（氏名、メールアドレス、住所など）を除去する「データ匿名化」を行います。また、データが保存される場所は、不正アクセスを防ぐためのセキュリティ対策が整っているべきです。ユーザーからは、これらのデータ利用についての同意を得ておくほうが賢明でしょう。

また、生成ＡＩがテキストを生成する際、学習データのバイアスがその出力に影響を及ぼす可能性があります。例えば、特定の人種や性別に対するステレオタイプな視点を持つテキストデータから学習した生成ＡＩは、そのバイアスを反映した出力をする可能性があります。したがって、生成ＡＩを訓練する際には、使用するデータが多様性を反映し、不適切なバイアスが含まれていないことを確認することが重要です。また、生成ＡＩの出力が公平で、差別的でないことを保証するために、定期的にその性能を評価し、必要に応じて調整を行いましょう。

さらに著作権などの知的財産権の理解も必要です。生成ＡＩが生成するテキストは、学習したデータセットにもとづくものです。したがって、ＡＩが学習するデータは著作権侵害を引き起こさないよう、適切に取得され、利用されるべきです。著作権法は国によって異なるため、使用するデータセットに関して各国の法律を理解し、遵守する必要があります。また、生成ＡＩが生成する内容は、一部の場合には新たな知的財産を作り出す可能性があります。例えば、生成ＡＩが新しい詩やストーリーを作成した場合、その著作権は誰に帰属するのかという問題が生じます。このような問題はまだ法的に明確ではないため、可能な限り倫理的観点から配慮し、適切な利用ガイドラインを参照することが重要です。

5-5

特定の部署でテストの実施

私は、生成ＡＩを組織に導入する際には、全社規模で一斉に導入するよりも特定の部署でパイロットプロジェクトを始め、その結果をもとに拡大していくアプローチが効果的だと考えています。一方で、生成ＡＩをめぐる企業の動きは非常に活発化しており、特定の部署での検証に時間をかけすぎては、競争優位性が損なわれてしまう可能性もあるので注意が必要です。では、生成ＡＩの活用を特定の部署から進める重要性をいくつか説明しましょう。

まずはリスク管理と評価についてです。部署レベルでテストすることで、潜在的なリスクを把握し、それに対応するための戦略を形成しやすくなります。いきなり生成ＡＩを全社に導入しようにも、どんなリスクや課題が生じるか、完全に予測はできません。特定の部署から導入を始めることで、テクノロジーの不具合、予期しない操作の影響、予測された利益が実現しない場合の影響などが早期に発見できるはずです。テスト期間中にこれらのリスクを評価し、対応方法を開発しながら全社に生成ＡＩを広げていくのが賢明です。また、生成ＡＩの導入は組織の文化と作業プロセスに大きな影響を及ぼす可能性があります。部署レベルでの導入なら、ＡＩがもたらす変化に適応するためにどんな教育体制やサポートが必要か、スピーディに検証できます。

特定部署での導入は、社内の支持基盤の形成にも効果的です。社内政治の重要性は前述のとおりですが、特定の部署からパイロットプロジェクトを始めるやり方なら、その成果を定量的に示すことで、社内の支持基盤を構築しやすくできるはずです。社内生成ＡＩの企業での活用はまだ事例が少なく、どのような成果につながるのか、特に経営陣は意思決定に苦慮することも考えられます。部署レベルでの生成ＡＩ活用の成功は、他の部署や上層部の支持を獲得するための強力なケーススタディとなるでしょう。

そして、重要なのがＲＯＩの計算です。コストのかかる生成ＡＩの活用となると、どうしても定量的に成果を示したくなるもの。部署レベルでの導入ならば、全社導入に比べてＡＩによるＲＯＩを正確に計算することができるでしょう。これは、組織全体へのさらなる投資を計画するために重要な情報となります。

このように、生成ＡＩの導入は大規模な変化を伴うため、それを管理し、最適化するためには部署レベルでのテストが有効です。この結果をもとに、現場課題の理解や、システムの全体像の設計にズレがなかったかを振り返りつつ、全社に生成ＡＩの恩恵を広げていきましょう。

まとめ

■生成ＡＩの導入体制は、現場ドリブンな生成ＡＩ活用を進めることができる「ハブ・アンド・スポーク型」の組織形態がおすすめ。
■ユーザーのニーズに合わせた使いやすさやシステムの柔軟性を追求し、継続的な改善を行うことで、高品質な生成ＡＩシステムを実現することができる。
■生成ＡＩの導入は、大規模な変化を伴うため、それを管理・最適化するためには部署レベルでのパイロットプロジェクトが有効。

Chapter

6

生成ＡＩの既存システムとの連携パターン

6-1

パターン１：独自に生成ＡＩ（大規模言語モデル）を開発

企業における生成ＡＩの導入となると、ただ単にＣｈａｔＧＰＴなどのツールを活用するだけでなく、社内の既存システムとの連携が必要になります。効果的に生成ＡＩを活用するには、人間がプロンプトを入力するだけでなく、社内システムから自動的に情報が生成ＡＩに入力され、自動的に生成ＡＩが機能する環境を構築することが重要になるからです。

ここでは、生成ＡＩと既存システムとの連携パターンを紹介します。パターン１の「独自に生成ＡＩ（大規模言語モデル）を開発」は、企業が自らの手でＡＩを設計・開発するアプローチを指します。国内でも独自に大規模言語モデルを構築する事例は増加しています。

このアプローチの主な利点は、製品やサービスのニーズに完全に合わせたカスタムＡＩモデルを作成できることです。自分たちのビジネスやクライアントの特定のニーズを理解し、それに基づいてＡＩを設計することで、より高度なパーソナライゼーションと高効率性を実現できます。また、データプライバシーの観点からも、自社で大規模言語モデルを開発することは有効で、自分たちのコントロール下でデータ運用を実践できます。

【独自に生成AI（大規模言語モデル）を開発するメリット】

- **カスタマイズ性**：ニーズに完全に合わせたカスタムAIモデルを作成可能。特定の課題に対して最適なソリューションを提供できるようになります。
- **データのコントロール**：データのプライバシーやセキュリティに対する完全なコントロールが得られます。機密性の高い情報を扱う企業にとっては特に重要な要素です。

■ **独立性**：外部のサービスプロバイダーに依存することなく、自社で生成ＡＩ開発と管理が可能になります。外部の生成ＡＩ関連のＡＰＩなどの料金変更などの影響を受けづらいメリットが生じ、これは企業が自身のビジョンにしたがってビジネスを進めるうえで有利です。

■ **競争力の向上**：自社開発の生成ＡＩを製品やサービスに統合することで、競争力が向上します。競合他社が提供していないユニークな機能やサービスの提供も可能です。

■ **知識とスキルの蓄積**：社内に生成ＡＩ技術に関する知識とスキルが蓄積されます。将来的に、新たな生成ＡＩ関連のプロジェクトを迅速に進めることが可能になります。

こうした利点はありますが、このアプローチは高額な予算を必要とします。特に、ＡＩ技術に関する専門的なスキルを持つ人材の採用、大量のデータの取得と処理、高性能なコンピューティングリソースの確保、そして長期的なメンテナンスとアップデートのための費用などを考慮すると、コストはかなり高額になります。

生成ＡＩの開発には、ディープラーニングのモデルの理解など、高度なリテラシーを持ち、技術的に適用できるスキルが求められます。また、これらの技術は進化が早く、最新のトレンドを常にキャッチアップせねばなりません。このため、専門的な人材を確保するための費用が全体予算の大きな部分を占めることになります。

さらに、大規模言語モデルの開発には大量のデータが必要です。これらのデータを取得し、適切にクリーニングして利用可能な形にするためには、時間と人的リソースもかかります。これに関連するコストも無視できません。大規模な生成ＡＩモデルの訓練には高度なコンピューティングリソースが必要となるからです。

自社開発の大規模言語モデルを運用する際は、継続的なメンテナンスとアップデートも必要となり、長期的にはさらなるコストが発生します。

【独自に生成ＡＩ（大規模言語モデル）を開発するデメリット】

■ **高いコスト**：大規模言語モデルをゼロから開発するためには、大量のリソース（人材、時間、予算）が必要です。特に、高度な専門知識を持つ人材と、大規模な計算能力を持つハードウェアが必要となります。

■**長い開発時間**：ＡＩモデルを自社で開発する場合、モデルの設計、訓練、テスト、改善といったすべてのプロセスを自社で行う必要があります。

■**技術的な複雑さ**：大規模言語モデルの開発は、ディープラーニングや自然言語処理などの高度な知識を必要とします。これらの技術は進化が早く、最新のトレンドに常に追いつく必要があります。これを自社で行うには高度なスキルと知識が必要となります。

■**大量のデータが必要**：言語モデルのような生成ＡＩのモデルを構築するためには、大量のデータが必要です。

■**リスク管理**：生成ＡＩの開発と導入は技術的な課題だけでなく、倫理的な問題や法規制に関する対策の準備なども必要となります。

このような課題を克服するためには、企業が十分なリソースと知識を持っている、あるいはリソースを確保する意志や能力があるかどうかが重要になります。また、生成ＡＩを活用して、自社の事業を大きく伸ばせるというビジョンも必要です。自社で大規模言語モデルを構築できることは理想的ではありますが、上記を踏まえると、予算に余裕があり、特定の要件を満たす企業に限られるパターンと言えるでしょう。

6-2

パターン2：生成ＡＩ開発企業のサービスを活用

既存のＡＩ開発企業が提供するＡＩサービスを活用するというアプローチもあります。具体的には、ＯｐｅｎＡＩのＣｈａｔＧＰＴやＧｏｏｇｌｅのＢａｒｄといった既存の大規模言語モデルを導入する例がこれに該当します。

このパターンの主な利点は、専門的な知識や技術が不足している企業でも、先進的なＡＩ技術を手軽に活用できることです。生成ＡＩ開発企業は、長年にわたる研究と開発を通じて、一般の企業が持つことの難しい専門知識やデータ、計算資源を持っています。これにより、高度な生成ＡＩモデルを提供することができ、これらのモデルは各種のビジネス課題の解決に利用することができます。

具体的には、ＣｈａｔＧＰＴやＢａｒｄは、カスタマーサポートの自動化、コンテンツ生成、意思決定支援など、様々なビジネスの現場に適用することができます。これらのサービスはＡＰＩ経由で提供されており、開発者はこれを利用して自社の製品やサービスに統合できます。

【生成ＡＩ開発企業のサービスを活用するメリット】

■ **専門知識の必要性の低減**：生成ＡＩ開発企業が提供するサービスは、一般の企業が自社で開発するのが困難な高度な技術に気軽にアクセスできます。これにより、専門知識を持つ人材の不足や、複雑な開発プロセスを操ることの困難さを克服できます。

■ **時間とコストの節約**：ＡＩモデルをゼロから開発する代わりに既存のサービスを利用することで、開発時間とコストを大幅に削減することができます。

■ **最新の技術の利用**：ＡＩ開発企業は、常に自社のモデルを更新し、最新のＡＩ技術を取り入れてサービスを改良し続けています。利用企業はこれらのサービスを利用することで、常に最先端のＡＩ能力を享受することができます。

■**スケーラビリティ**：AＩ開発企業の提供するサービスは、多くの場合クラウドベースであり、需要に応じて、利用のスケールアップまたはスケールダウンが可能です。これにより、自社の状況にあわせた柔軟な生成AＩの活用が可能です。

しかし、このパターンにはいくつかの制約も存在します。まず、生成AＩモデルは汎用的なものであり、特定のビジネスニーズに完全に合わせるには、高度なプロンプトエンジニアリングなどが必要になります。また、生成AＩ開発企業が提供するサービスはコストがかかるため、長期的に利用する場合は、一定予算の確保も必要になるでしょう。さらに、データプライバシーという観点からのリスクも生じます。ユーザーのデータを生成AＩ開発企業に渡すことになるため、その取り扱い方や保管方法には注意が必要です。

【生成AＩ開発企業のサービスを活用するデメリット】

■**カスタマイズの制限**：既存の生成AＩサービスは汎用的に設計されているため、特定のビジネスニーズに完全に合わせることは難しい場合があります。また、サービスの運用ルールや機能は生成ＡＩ開発企業が決定するため、ユーザー企業が完全にコントロールすることは難しいかもしれません。

■**長期的なコスト**：ＡＩ開発企業の提供するサービスは一定の料金が発生します。利用量や契約形態によっては、長期的に見ると高額なコストがかかる場合もあります。

■**依存性**：特定の生成ＡＩサービスに依存することで、そのサービスの変更や終了、料金の変動などに影響を受けやすくなります。

■**データプライバシーとセキュリティ**：生成ＡＩ開発企業のサービスを利用する際には、ユーザーデータを外部に送信する必要があり、データのプライバシーとセキュリティに関するリスクが生じる可能性があります。

■**透明性の欠如**：生成ＡＩサービスの内部動作はブラックボックス化されています。どのように結果が生成されるかを理解することが難しく、説明責任や信頼性の観点から問題となることがあります。

このパターンを選択する際には、自社のビジネスニーズや予算、データプライバシーに関する要件などを考慮に入れることが重要です。それらを満たす形で、既存のＡＩサービスを効果的に活用できれば、ビジネスの効率化や競争力向上に大いに貢献することでしょう。

6-3 パターン3：API経由で生成AIを利用する

生成AI開発企業が提供するAPIを利用して、既存のシステムやアプリケーションと生成AIを統合する手法も存在します。パターン2では、ただChatGPTやGoogle Bardなどのサービスを利用することが想定されていますが、ここではAPIを経由して社内ツールと接続することが想定されています。

API（Application Programming Interface）とは、異なるソフトウェア間で情報をやり取りするためのルールや手順を定めたもので、システム間の連携を実現します。生成AIのAPIを使用すると、APIを経由して大規模言語モデルに情報をインプットでき、これは、自社のプロダクトに高度なテキスト処理の能力を追加する効率的な方法となります。

例えば、ＯｐｅｎＡＩのＧＰＴ－３、ＧＰＴ－４は、自然言語の理解と生成における強力な能力を有しています。ＯｐｅｎＡＩが提供するＡＰＩを利用すれば、開発者はコーディングのスキルと基本的なＡＰＩの知識だけで、この力を自社のアプリケーションに組み込むことができます。具体的な用途としては、ユーザーからの質問への自動応答、コンテンツの生成、検索クエリの解釈などがあります。

また、ＡＰＩはクラウドベースのサービスなので、大量の計算リソースを必要とするＡＩの処理を自社のインフラに頼らずに行うことができます。

【ＡＰＩ経由で生成ＡＩを利用するメリット】

■ **簡単にシステム統合が可能**：生成ＡＩのＡＰＩを利用することで、既存のシステムやアプリケーションに生成ＡＩ機能を簡単に統合できます。ＡＰＩは、開発者が必要な機能を呼び出して利用するだけであり、複雑な生成ＡＩモデルの開発や設定を行う必要がありません。

■**開発時間の短縮**：APIを利用することで、企業は生成AIの機能を即座に利用できます。自社でAIを開発する必要がなく、短期間で生成AIの価値が手に入ります。

■**コスト削減**：生成AIのAPIを利用すれば、自社で生成AIを開発するために必要な高度な専門知識やリソースを持つ必要がありません。これにより、開発にかかるコストを大幅に削減できます。

■**最新の技術の利用**：生成AIのAPIプロバイダーは、継続的に生成AIモデルを改良しています。APIを利用することで、常に最新の技術を利用できるため、自社で情報を追いかける必要がありません。

■**スケーラビリティ**：生成AIのAPIはクラウドベースで提供されているため、需要に応じてスケーリングすることが容易です。APIプロバイダーが処理能力を担当するため、大量の計算リソースを自社のインフラに用意する必要がありません。

一方で、AIのAPIを利用する場合も、その利用料金やデータのプライバシーといった問題に注意が必要です。また、APIもあくまで汎用的なものであり、特定のビジネスニーズに完全に合わせることは困難さが伴います。

【ＡＰＩ経由で生成ＡＩを利用するデメリット】

■ **カスタマイズの制限**：生成ＡＩのＡＰＩは、一般的な用途に適用される汎用的なものです。そのため、特定のビジネスニーズや要件に完全に合わせることは難しい場合がありますす。ＡＰＩプロバイダーが提供する機能や制約に従う必要があります。

■ **長期的なコスト**：生成ＡＩのＡＰＩを利用する際には、ＡＰＩの利用料金が発生します。利用量や契約形態によって異なりますが、長期的に見るとコストがかさむ場合があります。

■ **依存性**：ＡＰＩプロバイダーに依存することになるため、プロバイダーの変更、ＡＰＩの終了、料金の変更などに対して依存性が生じます。プロバイダーの方針やサービスの品質に変更があった場合、企業のシステムやアプリケーションに影響を及ぼす可能性があります。

■ **データプライバシーとセキュリティ**：ＡＰＩを利用する際には、ユーザーデータをＡＰＩプロバイダーに送信する必要があります。データのプライバシーとセキュリティに関する懸念が生じる可能性があるため、適切なセキュリティ対策とデータの保護策を講じる必要があります。

■**性能制約**：APIを介して生成AIにアクセスする場合、リクエストとレスポンスの通信にわずかな遅延が生じる場合があります。また、APIプロバイダーのサーバーの処理能力や制限によって、一定の制約が発生する場合もあります。

■**透明性の欠如**：APIを利用する際には、生成AIモデルの内部動作やトレーニングデータの詳細がブラックボックス化されるため、結果の生成プロセスやモデルのバイアスの影響を正確に理解することが難しくなる場合があります。

このパターンは、自社で生成ＡＩを開発する能力やリソースが限られている場合、または迅速に生成ＡＩの力を取り入れる必要がある場合に特に適しています。しかし、自社の要件とＡＰＩの提供する機能とのマッチング、コスト、データプライバシー等の問題については事前にしっかりと検討する必要があります。

6-4

パターン4：生成AIが組み込まれたサービス活用

生成AIのAPIを活用したサービス自体を利用するパターンもあります。昨今は、OpenAIなどのAPIを活用して特定の目的に特化したサービスが多く生まれており、これらを利用すれば、低い導入負荷で、特定の業務やタスクの効率化や品質向上を実現することができるでしょう。

このパターンの利点は、そうしたサービスは何か特定の目的に特化しているため、利用方法が非常に明確な点です。パターン2、3と同じように、企業が生成AIに関する高度な知識や大きなリソースを持つ必要がない点もメリットですし、生成AIのAPIを活用したサービスを利用することで、業務の効率化や品質の向上を比較的容易に実現できます。

具体的な例として、企業向けのプロンプト共有サービスがあります。これは生成AIに入力するプロンプトのテンプレートを共有し、ユーザーがそれをもとに生成AIを活用する、というサービスです。質の高いプロンプトを入力するのが難しく、なかなか現場で生成ＡＩを利用できないという企業に適したソリューションと言えます。

また、記事作成支援ツールも目的に特化した生成ＡＩサービスの一例。これを使えば、企業がブログ記事やマーケティングコンテンツを作成する際に、生成ＡＩを活用することで効率的にコンテンツを生成することができるようになります。ＳＥＯやインタビューなどの記事の形式に合わせて、生成ＡＩが文章のアイデアや構造を提案し、ユーザーはそれを元に自分のアイデアを加えることで、高品質かつ効率的なコンテンツ作成が可能となります。

【生成ＡＩが組み込まれたサービスを活用するメリット】

■ **効率的な業務処理**：生成ＡＩが組み込まれたサービスは、特定の目的に特化した機能を有していることが多く、他のパターンに比べて、特定の業務の処理が効率化しやすい特徴があります。

■ **高品質な結果の提供**：生成ＡＩが組み込まれたサービスは、裏で生成ＡＩに入力するインプットや、生成ＡＩのアウトプットの質を担保し、アウトプットの精度が高い場合が多いです。特定の用途に限定されるものの、質の高い結果が得やすいと言えます。

■ **コスト削減**：生成ＡＩが組み込まれたサービスを活用すると、特定の目的に特化しているため、どれくらいのコストを削減できるかを事前に見積もりやすくなります。ＲＯＩ算出のしやすさも特徴です。

■ **最新の技術の利用**：生成ＡＩが組み込まれたサービスを運営する企業は、常に最新のＡＩモデルの動向などをチェックしている場合が多いです。これらのサービスを利用していれば、現場視点で最適なモデルを使えるケースが多いといえるでしょう。

このパターンの代表的なデメリットとしては、生成ＡＩのＡＰＩの利用料金や制約、ＡＰＩプロバイダーへの依存性が挙げられます。また、ＡＩの出力に対して適切な監視や編集が必要であることも考慮すべきです。ＡＩはあくまでツールであり、基本的には人間の判断や編集が必要になります。

【生成ＡＩが組み込まれたサービスを活用するデメリット】

■ **カスタマイズの制限**：生成ＡＩサービスは特定の目的に特化しているため、カスタマイズ性には限界があります。企業が独自の要件やニーズに合わせた細かな調整や変更を行いたい場合には、サービスの制約によって柔軟性が制限される可能性があります。

■ **長期的なコスト**：生成ＡＩサービスを利用する際には、利用料金が発生することがあります。利用料金は使用量や契約条件によって異なる場合があり、長期的に見るとコストが膨らむ可能性があります。

■ **依存性**：生成ＡＩサービスを利用する場合、サービスプロバイダーへの依存性が生じます。プロバイダーが提供するサービスに変更があった場合、料金の変更やサービスの終了、品質の変化などが企業に影響を及ぼす可能性があります。

■ **データプライバシーとセキュリティ**：生成ＡＩサービスを利用する際には、企業のデータをサービスプロバイダーに提供するケースがあります。データのプライバシーやセキュリティに関する懸念が生じる可能性があるため、適切なセキュリティ対策やデータの保護策を講じる必要があります。

■ **性能制約**：生成ＡＩサービスはクラウドベースで提供される場合があり、通信遅延やサーバーの処理能力によって性能に制約が生じる場合があります。特にリアルタイム性の高い応答が求められる場合には、注意が必要です。

企業がこのパターンを活用する際には、自社のビジネスニーズや目標に合わせた生成ＡＩサービスを選択し、利用するサービスやツールの特徴や制約を十分に理解する必要があります。

また、「特化型生成ＡＩ（部分最適）」と「汎用型生成ＡＩ（全体最適）」の分類のなかで考えると、これらのサービスは特化型生成ＡＩと捉えることもできるほか、汎用型生成ＡＩでも同じような課題を解決できる場合もあります。例えば、高度なプロンプトエンジニアリングは必要ですが、記事の生成に特化した生成ＡＩサービスを活用しなくても、ＣｈａｔＧＰＴなどのような汎用型生成ＡＩを活用すれば質の高い記事の生成は可能かもしれません。

まとめ

- ■生成ＡＩと既存システムとの連携パターンが、大まかにわけて4つあることを理解する。
- ■「独自に生成ＡＩ（大規模言語モデル）を開発」するパターンはメリットも大きいが、莫大なコストやリソースが必要で、特定の企業に限られる。
- ■そのほかのパターンは、時間やコストの抑制ができるが、サービス依存性やデータプライバシーなどが共通の課題となる。

Chapter

7

生成ＡＩを活用するプロンプトエンジニアリング術

7-1

プロンプトエンジニアリングとは

「プロンプトエンジニアリング（Prompt Engineering）」とは、生成ＡＩを効率的に使用するために、言語モデルに入力する命令文を開発したり、最適化したりする作業です。

生成ＡＩを的確に使いこなすには、入力するプロンプトの質がなにより重要になります。生成ＡＩは、単純に質問や指示の入力だけでは適切な出力が期待できない場合がほとんど。特に何かのタスクを依頼したい場合、具体的でわかりやすいプロンプトを入力しなくては、生成

ＡＩは思いどおりの出力結果を返してくれません。

そこで、プロンプトエンジニアリングでは、適切な入力（プロンプト）を設計することで、人間が求めた出力結果が得られることを目指します。依頼するタスクによって、プロンプトに必要な要素は異なりますが、質の高いプロンプトには、主に以下のような要素が共通して含まれます。

■**指示**：生成ＡＩに与えられる具体的なタスクや命令。これにより、生成ＡＩはタスクの要求や目的を理解し、それに応じた出力を生成しやすくなります。指示は明確かつ具体的であるべきであり、生成ＡＩが適切な応答を生成するための指針となります。

■**背景**：背景情報は、タスクの実行に関する補足的な情報や文脈のことです。これにより、生成ＡＩはタスクをよりよく理解し、適切な判断や応答を行うことができます。背景情報は、タスクに関連する事実、制約、ドメイン知識などを含むことがあります。

■**入力データ**：入力データは、生成ＡＩがタスクを実行するために必要な情報や資料です。これには、具体的な質問や要求、関連するデータセット、ドキュメントなどが含まれる場合があります。適切な入力データを提供することで、生成ＡＩはより正確かつ適切な応答を生成するために必要な情報を得ることができます。

■ **データの出力形式**：データの出力形式とは、生成ＡＩの出力するデータの形式やフォーマットを指します。例えば、テキスト、数値、リスト、表、グラフなど、様々な形式が考えられます。出力形式の指定により、ＡＩモデルが要求された形式に合わせた結果を提供することができます。

7-2

プロンプトエンジニアリングのテクニック

――Ｚｅｒｏ-Ｓｈｏｔ プロンプティング（ゼロショットプロンプティング）

Ｚｅｒｏ-Ｓｈｏｔ プロンプティング（ゼロショットプロンプティング）は、自然言語処理の一手法であり、トレーニングデータに事前にその具体的なタスクやクエリ（問い合わせ）に関する情報を含めずに、モデルが新しいタスクやクエリに対して適切な応答を生成することを目指す手法です。つまり、モデルが以前に学習した情報をもとに、未知のタスクに対しても予測を行うことで成立するプロンプティングです。

Ｚｅｒｏ－Ｓｈｏｔプロンプティングは、大規模なモデルで活用可能なプロンプティングです。これらのモデルは、膨大なデータセットでトレーニングされ、様々なタスクに対して一般的な言語理解を獲得します。

具体例として、以下のようなＺｅｒｏ－Ｓｈｏｔプロンプティングの場面を考えてみましょう。

ユーザー　パリの天気を教えてください。

AI　パリの今日の天気は晴れで、最高気温は25度です。

この場合、ＡＩは明示的にパリの天気に関するトレーニングを受けていないにもかかわらず、一般的な知識を持っているため、適切な回答を生成できます。

ユーザー　モナリザの作者は誰ですか?

AI　モナリザの作者はレオナルド・ダ・ヴィンチです。

同様に、AIはモナリザの作者についての具体的なトレーニングを受けていなくても、一般的な知識をもとに正しい回答を生成します。

このように、Zero-Shotプロンプティングは、AIが新しいタスクやクエリに対しても柔軟に応答することができるため、非常に便利です。ただし、限定的なトレーニングデータを使用しないため、タスク固有の情報に関しては限定的な精度しか持ちません。

――Few-Shotプロンプティング(フューショットプロンプティング)

Few-Shotプロンプティングは、モデルに対して実際の例やデモンストレーションを提供し、文脈学習を通じて質問や指示のパターンを習得させる手法です。この手法では、デモンストレーションはプロンプトとして提示され、その後の応答に対する条件付けとして活用されます。つまり、AIはデモンストレーションを参考にしながら新しい情報に対して適切な回答を生成することが可能になるわけです。

また、このプロンプティングは、Zero-Shotでは対応できないような複雑なタスクに対して特に有用です。Zero-Shot学習では、モデルは事前の訓練データに基づいて未知のタスクに対する回答を生成することが期待されますが、限られた情報しか与えられていないため、複雑なタスクには対応しきれません。しかし、Few-Shotプロンプティングでは、例やデモンストレーションを通じてモデルに具体的なケースを教えることができるため、より高度なタスクにも対応可能となります。

具体例として、以下のようなFew-Shotプロンプティングのやり取りを考えてみましょう。

ユーザー　雪だるまは冬。桜は春。海は夏。紅葉は秋。入学式は？

AI　入学式は春です。一般的に、入学式は春に行われます。これは新しい学年や学期の始まりを祝うための式典であり、多くの学校や大学で行われます。春は新しい始まりや成長の季節として象徴されるため、学校生活の始まりにふさわしいと考えられています。

この場合、ＡＩは単語と季節の関係性を受けていないかもしれませんが、一般的な知識とごくわずかなタスク固有のトレーニングデータを使用して、適切な回答を生成します。

ユーザー　かっこいいですね！：ポジティブ。
かっこ悪いです：ネガティブ。
感動しました：ポジティブ。
本当に美味しかったです：

AI　ポジティブです。

この場合、AIはユーザーが入力したプロンプトのなかから、文章がポジティブかネガティブかを判定するタスクであることを解釈し、「本当に美味しかったです」という言葉がポジティブであると判断し、出力しています。

つまり、Few-Shotプロンプティングは、AIに具体的な事例を教えることで、複雑なタスクに対する理解と回答能力を向上させる手法と言えます。デモンストレーションを用いることで、AIは限られた情報だけでは難しいタスクにも柔軟に対応し、高い性能を発揮することができるのです。

Chain-of-Thoughtプロンプティング（チェーンオブソートプロンプティング）

Chain-of-Thought（CoT）プロンプティングは、連鎖的な思考をさせることで、出力精度を高めるテクニックです。この手法は、論理的な思考能力（Reasoning）

が求められるタスクにおいて、Ｆｅｗ－Ｓｈｏｔ学習を使用しても十分な精度向上が見られない場合に有効です。

連鎖的な思考とは、数学の証明問題の解決方法のようなものです。問題に対して、モデルは段階的な推論を必要とし、ＣｏＴを用いることで途中の推論や考え方を学習し、適切な処理を行います。次の例のように推論をステップに分けて示すことで、ミスした段階を特定することができるという利点もあります。

具体例として、以下のようなＣｏＴプロンプティングの場面を考えてみましょう。

【CoTプロンプティングを使わなかった例】

ユーザー

次のグループの奇数を合計すると偶数になる。#グループ：2、3、4、8、8、19、14

解答：〇

次のグループの奇数を合計すると偶数になる。＃グループ：18、32、39、79、81、89
解答：○
次のグループの奇数を合計すると偶数になる。＃グループ：892、203、203、12、3、32
解答：×
次のグループの奇数を合計すると偶数になる。＃グループ：16、45、32、907、83、3、8
解答：

AI
×

【CoTプロンプティングを使った例】

ユーザー
次のグループの奇数を合計すると偶数になる。＃グループ：2、3、4、8、

8、19、14
解答：奇数をすべて加えると（3、19）22になります。答えは○です。
次のグループの奇数を合計すると偶数になる。 #グループ：18、32、39、79、81、89
解答：奇数をすべて加えると（39、79、81、89）288になります。答えは○です。
次のグループの奇数を合計すると偶数になる。 #グループ：892、203、203、12、3、32
解答：奇数をすべて加えると（203、203、3）409になります。答えは×です。
次のグループの奇数を合計すると偶数になる。 #グループ：16、45、32、907、83、3、8
解答：

AI

奇数をすべて加えると（45、907、83、3）1038になります。答えは〇です。

CoTプロンプティングは、対話的な応答を生成する際に非常に有用です。AIは、前の応答を文脈として活用し、関連性を保ちながら対話を進めることができます。ただし、長い対話のチェーンになるほど、AIの応答の品質や正確性が低下する可能性があるため、注意が必要です。

Zero-shot CoT（ゼロショットCoT）

Zero-Shot CoT（ゼロショットCoT）は、Zero-Shot プロンプティングとCoTプロンプティングを組み合わせたアプローチです。つまり、モデルが事前のトレーニングデータに特定のタスクやクエリに関連する情報を含めずに、論理的な一連の応答を生成する能力を持つことを目指す手法です。

具体例として、以下のようなZero-Shot CoTの場面を考えてみましょう。

【Zero-Shot CoTを使わなかった例】

ユーザー　あなたは京都で八ツ橋を10個買いました。友達に3個、家族に2個あげました。その後、通販で5個買い足して、1個は自分で食べました。何個の八ツ橋が残っていますか?

AI　最初に10個の八ツ橋を購入しましたが、友達に3個、家族に2個をあげたので、計5個を分けました。残りの八ツ橋の数は10個－5個＝5個です。
その後、通販で5個買い足しましたが、そのうち1個を自分で食べたので、5個－1個＝4個の八ツ橋が残っています。

この例では、ＡＩは最初の質問に対して誤った回答を生成してしまっています。正しい答えは9個です。

【Zero-Shot CoTの例】

ユーザー
あなたは京都で八ツ橋を10個買いました。友達に3個、家族に2個あげました。その後、通販で5個買い足して、1個は自分で食べました。何個の八ツ橋が残っていますか？　ステップバイステップで答えて。

AI
はい、ステップバイステップでお答えいたします。
最初に、京都で購入した八ツ橋の数は10個です。
友達に3個あげたので、残りは10個－3個＝7個です。
家族に2個あげたので、残りは7個－2個＝5個です。
その後、通販で5個追加購入しましたので、現在の八ツ橋の数は5個＋5個

＝10個です。

また、1個は自分で食べたので、残りは10個－1個＝9個です。

したがって、現在残っている八ツ橋の数は9個です。

Ｚｅｒｏ－Ｓｈｏｔ ＣｏＴの目的は、特定のタスクやトピックに関連するトレーニングデータを用意せずに、それでいて柔軟な対話応答を実現することです。「ステップバイステップで答えて」というように、段階的に処理してもらえるようにプロンプトで指示を出すことで、ＣｈａｔＧＰＴなどの生成ＡＩはより的確な答えを出す可能性が高くなります。

――Self-Consistency（自己整合性）

Ｓｅｌｆ－Ｃｏｎｓｉｓｔｅｎｃｙ（自己整合性）は、複雑な推論を行う際に、Ｆｅｗ－Ｓｈｏｔプロンプティングとｃｏ Ｔプロンプティングを組み合わせ、思考過程を例示することで、精度の高い回答を導き出す手法です。

人間は、思考が必要な問題を解決する際、様々なアプローチから解を導きます。プロンプト内で複数の思考プロセスを例示することで、生成ＡＩがその思考プロセスを踏まえた推論を行うため、正しい解を導き出す可能性が高くなります。

【誤った例】

ユーザー　私が6歳のとき、姉は私の3倍の年齢でした。今、私は48歳です。私の姉は何歳ですか?

ＡＩ　あなたが6歳の時に、姉はあなたの3倍の年齢でしたので、姉の年齢は6歳×3＝18歳です。現在、あなたが48歳であるため、姉は48歳－6歳＝42歳です。したがって、あなたの姉の年齢は42歳です。

誤った回答を生成しました。「私」が6歳のとき、「姉」は3倍の18歳で、12歳年上であることがわかります。現在48歳なので、姉の正しい年齢は60歳です。

【Self-Consistency（自己整合性）の例】

ユーザー

Q：パーティーには10人のゲストがいます。ホストは今日、パーティーに追加のゲストを招待する予定です。その後、パーティーには18人のゲストがいます。ホストは今日、何人のゲストを招待しましたか？

A：最初は10人のゲストがいました。後で18人のゲストがいるので、増加したのは追加で招待されたゲストの数です。したがって、ホストは18－10＝8人のゲストを追加で招待しました。回答は8人です。

Q：ジェイムズは50枚の切手を持っています。彼の友人は28枚の切手を持っています。彼らが合計で15枚の切手を使った場合、彼らが残した切手の数は何枚ですか？

A：ジェイムズは50枚の切手を持っており、彼の友人は28枚の切手を持っていたことを意味します。合計で最初に持っていた切手は50＋28＝78枚です。15枚の切手を使ったので、残りの切手の数は78－15＝63枚です。回答は63枚です。

Q：サーバールームには9台のコンピュータがあります。1週間の間、毎日5台のコンピュータが追加されました。サーバールームには現在何台のコンピュータがありますか？

A：週は7日間です。1日に5台のコンピュータが追加されたので、合計で7×5＝35台のコンピュータが追加されました。最初に9台のコンピュータがありましたので、現在は9＋35＝44台のコンピュータがあります。回答は44です。

Q：私が6歳のとき、姉は私の3倍の年齢でした。今、私は48歳です。私の姉は何歳ですか？

A：

AI

A：あなたが6歳の時、あなたの姉はあなたの3倍の年齢、つまり18歳でした。したがって、あなたの姉はあなたより12歳年上です。今、あなたが48歳なので、あなたの姉は48＋12＝60歳です。回答は60歳です。

知識生成プロンプティング

知識生成プロンプティングは、プロンプトの一部に関連する知識や情報を組み込む手法を指します。これにより、ＡＩがより正確で適切な出力を生成することが期待されます。

知識生成プロンプティングは、ＣｈａｔＧＰＴなどの生成ＡＩにおいて高品質な応答を得るためのひとつのテクニックです。ＡＩモデルは大量のデータを学習していますが、与えられたプロンプトのコンテキストに欠けることもあります。そのため、プロンプトに関連する知識や情報を明示的に含めることで、より適切な応答が得られる可能性が高まります。

以下は、知識生成プロンプティングの例です。

【知識生成プロンプティングを使わなかった例】

ユーザー　佐藤優杞さんという名前は日本に存在する可能性がある。

AI　はい、日本において「佐藤優杞」という名前の存在は可能性があります。日本には非常に多くの人々が佐藤姓を持っており、また「優杞」という名は比較的珍しいですが、存在する可能性があります。ただし、私はリアルタイムの情報を持っていないため、具体的な個人の存在を保証することはできません。

【知識生成プロンプティング】

ユーザー

#質問

佐藤優杞さんという名前は日本に存在する可能性はありますか？

#補足情報

・戸籍法で決められている氏名に使える漢字は、常用漢字が2136文字、人名漢字836文字の2999文字。決められた漢字以外は名前に使えない。

・「杞」という漢字は、常用漢字でもなければ人名漢字でもない。

AI

佐藤優杞さんという名前は、あなたが提供した情報にもとづいて判断すると、日本で一般的に存在する可能性は非常に低いと言えます。提供された情報によれば、「杞」という漢字は、常用漢字でもなく人名漢字でもないため、法律的には使用できない漢字とされています。

ただし、これは一般的なルールであり、個別のケースによっては特例的に許可されることもあります。漢字の使用に関しては、役所や法務局などの公的機関に相談することが最も確実な方法です。公的な手続きを経て、その漢字が許可されれば、佐藤優杞さんという名前を使用することが可能になるかもしれません。

「杞」という漢字は、戸籍法上の理由で人名に使用することができません。しかし、この前提情報を与えずに、生成ＡＩにプロンプト入力を行うと「名前が存在する可能性がある」という回答結果を出力してしまいました。しかし、知識生成プロンプティングでは、補足情報として情報を提供することで、補足情報を踏まえて「存在する可能性が低いと言えます」と回答してくれています。

知識生成プロンプティングは、応用的なプロンプティングですが、普段プロンプトを作成する際に使うことが多くなるテクニックです。生成ＡＩの知識と自身の知識がずれないように調整したり、ＣｈａｔＧＰＴが学習していない情報を入力したりできるため、精度の高い回答を得やすくなります。

知識生成プロンプティングでは、以下のようなポイントが重要です。

■ **プロンプトに事実や定義を含める**：回答の正確性を高めるために、関連する事実や定義をプロンプトに含めることが大切です。

■ **プロンプトに関連するキーワードを含める**：応答の特定の側面に重点を置くために、プロンプトに関連するキーワードやエンティティ（実在物）を含めることが有効です。例えば、「東京の観光名所は？」という質問に対して、「東京の有名な観光スポットは浅草寺や東京タワーなどがあります」というプロンプトを使用します。

■ **プロンプトに文脈や背景情報を含める**：応答の文脈を明確にするために、プロンプトに関連する文脈や背景情報を含めることができます。例えば、対話の続きを生成する場合、「Aさん：こんにちは！ Bさん：（ここに対話の文脈や背景情報を含める）」というようにプロンプトを設定します。

これらの知識生成プロンプティングのテクニックを活用することで、生成ＡＩモデルの性能を向上させ、より具体的な回答や適切な文脈を持った応答を得ることができます。

7-3
生成ＡＩの文章生成の５つの型

生成ＡＩ活用で重要なのは、その性能を網羅的にとらえたうえで、どのような活用方法が考えられるかを明確にすることだと考えます。そこで「入力される情報の単位数」から「出力される情報の単位数」をベースに、文章生成、文章拡張、要約、文章変換に分けて生成ＡＩの活用方法の用途を考えてみましょう。

0→1：文章生成

生成ＡＩの活用方法として、まず挙げられるのは「文章生成」です。生成ＡＩは特定の指示や小さな情報（0）から完全に近い文書（1）を生成することができます。例えば、ＣｈａｔＧＰＴは、短いプロンプト（0）から人間が読むことができる長い文書（1）を生成します。

文章生成は、プロンプトで指示することによって、メールの作成から企画書の生成、記事の生成まで様々な用途に活用可能。これは最も多い活用方法と言えます。例えばマーケティングや広告業界でも文章生成は重要な役割を果たしています。商品の説明文や広告コピーの作成に生成ＡＩを活用することで、魅力的な文章を効率的に生成できるためです。その他の業界でも、業界にあった活用方法を考えることで、テキストのバラエティ、クオリティ、量を担保することができるようになるでしょう。

一方で、文章生成は入力するプロンプトの精度が最も求められる活用法です。文章の拡張や要約、文章変換は、プロンプト内に十分な情報を含めることができるので、プロンプトの精度がある程度低くても、十分なアウトプットができます。しかし「文章生成」では、「〇〇について解説する記事を作成して」などと指示をしても、人間が意図しない内容、フォーマットなどで出力してしまいます。また生成ＡＩが有していない知識に関する情報は出力されません。

文章生成では、特に前項で紹介したプロンプトエンジニア術を参考に、用途にあった具体的なプロンプトを考えることが重要です。

1↓10：文章拡張

生成ＡＩは、文章の拡張という特定の領域で非常に優れた性能を発揮します。これは、既存の文章（1）にもとづいて新たな情報を付け加えたり、欠落している詳細を補足したり、文章そのものを展開（10）したりする作業を得意としているからです。また、生成ＡＩは、これらすべてを行うなかで一貫性と論理的な流れを保ちつつ、元の文章を豊かにしてくれます。

例えば、初めて書かれた物語の簡単なあらすじを入力として与えると、生成ＡＩはその情報をもとに物語全体を構築することが可能です。物語のあらすじを膨らませ、細部の描写を追加し、複数の登場人物に深みを与え、予期しないプロットの転換を導入することで、短いあらすじを物語に拡張させることができるのです。

また、生成ＡＩは新聞記事やレポートのような情報密度の高い文書の拡張にも適していきます。例えば、記事の本文が提供する情報だけでなく、他の信頼できる情報源から追加情報を引き出し、記事の詳細や背景を補強することができます。これにより、元の文章が示唆するだけの情報よりも詳細かつ具体的な理解が可能になります。

0からの生成と違い、文章拡張ではプロンプト内にある程度の文章の方向性が明示されているため、人間が求める特定の文脈や目的に沿ったより高品質な出力を提供されることが多いです。文章拡張によって、元の文章の情報を尊重しつつも、それを補完する新たな視点や詳細が追加され、結果としてより深い理解やより豊かな情報が提供されるのです。

10→1：要約

生成AIは、人間の言語を模倣し、理解し、生成する能力を持ちます。これにより、長いテキストや複雑なアイデア（10）を短く、簡潔に、そして理解しやすく表現するという要約作成（1）のタスクにも柔軟に対応してくれます。例えば、複数ページにわたるレポートを数行の要点にまとめたり、難解な科学的概念を一般的な用語で説明したりもできます。

ChatGPTを活用すると、プロンプト内で、焦点を当てるトピックや文脈、文字量などを指示することが可能です。これにより、ユーザーは特定のニーズに応じて要約を調整できます。ただし、生成ＡＩは完全な自動化にはまだ適していません。ＡＩが生成する要約は、人間が作成したものと比較して誤解を招く可能性があるため、人間による校正や評価が必要となることがあります。大規模言語モデルは、テキストを理解し、それを要約するという作業は行うことができますが、モデルが理解しているとは限らないニュアンスや文化的な意味をうまく表現しきれない場合があるからです。

加えて、ＡＩはトレーニングデータからの情報のみを使用します。つまり、ＡＩの「知識」はトレーニングされた時点までの情報に制限され、それ以降の情報を理解することはできません。これは特に科学や技術など、急速に進化する分野での要約作成にマイナスの影響を与える可能性があります。

それでも、大規模言語モデルは情報の消化、理解、そして共有を助ける強力なツールとなり得ます。適切な監督と組み合わせることで、生成ＡＩは生産性を高め、情報過多の混乱を回避するのに役立ちます。大規模言語モデルの力を利用することで、私たちはより効率的に情報を取り扱い、より広範な知識にアクセスすることが可能になるのです。

1↓1：文章変換

生成ＡＩは翻訳や文章の修正など、文章を1↓1で変換することができます。

生成ＡＩは、膨大な量の文章データを学習しています。その学習データには、ニュース記事、小説、専門的な書籍、日常会話のトランスクリプト（書き起こし）など、多種多様なジャンルのテキストが含まれています。

その結果、ＣｈａｔＧＰＴはある言語の文章を別の言語に翻訳する能力を持つようになります。これは、英語から日本語へ、あるいはその逆など、様々な言語ペアに対応することができます。また、単に単語を別の言語の単語に変換するだけでなく、元の文のニュアンスやコンテクストを保持しながら適切な表現に変換することも可能です。すなわち、日常会話だけでなく、文学的な表現や専門的なテキストに対応できるわけです。

次に、文章の修正という能力について解説します。文章の修正は、「正しい文章への変換」ととらえると、文章変換にカテゴライズされます。生成ＡＩは、文章中の誤字脱字を検出し、正しい形に修正する能力を持っています。また、不自然な表現や文法ミスも見つけ出し、適切な表現に変換してくれます。

しかし、文章の修正能力は単純なミスの修正だけにとどまりません。一貫性の欠如や文章の流れが自然でない場合、それを改善する提案も行います。さらに、特定の文体やトーンに合わせて文章を修正することも可能です。

ただし、生成ＡＩの性能は完全ではありません。特に専門的なテーマについてのテキストの場合、翻訳や修正の結果が完全に正確であるとは限りません。そのため、ＡＩの出力をそのまま信じるのではなく、人間が最終的なチェックを行うことがやはり重要です。また、専門的なテキストについては、専門知識を持つ人間が最終的な判断を下すべきであり、ＡＩはあくまで一次チェックのツールとして利用するべきでしょう。

7-4

生成AIの活用術

——具体的なキーワードを使う

ＣｈａｔＧＰＴなどの生成ＡＩを活用するうえで重要なのは、人間が使う自然言語の曖昧性を理解し、具体的なキーワードを使うことです。

チームメンバーと仕事に関するやり取りを行うなかで、認識の齟齬が生まれてしまった経験がある人は多いのではないでしょうか。テキストでコミュニケーションをとった結果、仕事の成果物が自分の期待したものと異なっていたり、電話で確認の会話を再度行ったりという経験は、誰にでもあるはずです。そもそも人間が会議を行うのも、テキストよりもニュアンスを伝えやすく、迅速に議論を繰り広げられるからです。

自然言語は、同じ文でも文脈によって意味が変わることがあります。さらに、語彙の選択や文法的な曖昧性、比喩や隠喩、慣用表現などにより、意図を正確に伝えるのが難しい場合も多くあるはずです。

一方で、そうしたコミュニケーションは生成ＡＩは苦手で、生成ＡＩの多くは人間のようにニュアンスを理解する能力が高くありません。また、人間のように曖昧な表現から相手の真意を察する力もまだ未熟。だからこそ、プログラミング言語では、言語の文法と構文が厳密に決められ、同じコードであれば同じ結果になるような工夫がなされているのです。コンピュータは曖昧性を持つ命令を解釈する能力はありません。具体的な命令が一貫した結果を生むためには、情報が「明確」である必要があるのです。

このように、自然言語とプログラミング言語は、「曖昧性」において対照的な特性を持っています。自然言語の曖昧性は豊かな表現力を生み出し、一方、プログラミング言語の一貫性と明確性は、技術的なタスクを実行する際の信頼性と効率性を提供します。

また、生成ＡＩは主観を持たないため、その応答はプロンプトに含まれる具体的なキーワードや指示に大いに依存します。例えば「美味しい焼肉屋さんを教えて」とプロンプトで指示をしても、ＡＩは「美味しい」という評価基準を持っていないため、適切な回答は得られません。このため、生成ＡＩを活用するうえで最も重要なのは、具体的なキーワードを使用することです。生成ＡＩに対する指示を明確にし、生成ＡＩのアウトプットの方向性を明確にすることで、ストレスなく生成ＡＩを活用できるようになるでしょう。

実はこれはリアルのコミュニケーションでも同じこと。チームメンバーに対しても「いい感じにやっておいて」といった曖昧な指示を与えるよりも、具体的な指示を与えることが効果的なのと同じなのです。この理解は、チーム間のコミュニケーション改善だけでなく、生成ＡＩの効果的な活用にもつながるはずです。

――項目に分けて指示する

生成ＡＩにプロンプトを入力する際には、条件を項目に分けて指示をすることがおすすめです。理由は、人間がプロンプトの内容の網羅性を振り返りやすくなり、足りていない点が明確になるからです。項目に分けずに、１文で指示をしてしまいますと、プロンプトのなかで欠けている指示がわかりづらくなり、生成ＡＩが思った結果を返してくれない可能性が高まってしまいます。

例えば、「生成ＡＩの可能性」についての記事を書いてほしい際には、以下のようにプロンプトを項目で分けてみましょう。

以下の要件にしたがって記事を作成してください。

＃テーマ

「生成ＡＩの可能性」

＃文字数

５００文字

＃文体

ですます体

特記事項
ビジネスパーソン向けに、生成ＡＩが社会にどのような影響を与えるのかに焦点を当て、生成ＡＩのなかでも大規模言語モデルをメインに書く

注意事項
技術的なキーワードは、意味を補足するようにする

また、項目に分けてプロンプトを入力することで、同じプロンプトをテンプレート化しやすくなるメリットもあります。特に企業内で生成ＡＩの活用を進める場合、良質なプロンプトを社内で積極的に共有していくことが大切です。１文で書かれているプロンプトよりも、箇条書きで項目別にまとまっているプロンプトの方が、編集のしやすさが向上するわけです。

――ステップを明示してあげる

具体的にプロンプトを作ったり、項目に分けて指示したりしたうえで、さらに複雑なタスクを生成ＡＩに処理してもらう際には、ステップを明示することで回答の精度が上がりやすくなります。生成ＡＩは、直感的に人間の意図を理解する能力はありません。特に複雑な処理を行わせる場合は、具体的にプロンプトを入力するだけでは、思ったような回答が返ってこない場合もあります。そこで、複雑な処理を簡単なステップに分解して指示することで、より精度の高い回答が得られるようになります。

例えば以下のようなプロンプトがおすすめです。

以下の要件にしたがって記事を作成してください。

#ステップ
ステップ1：生成AI関連で注目度の高いキーワードを列挙する
ステップ2：以下の要件にあった構成を作成する
ステップ3：ステップ2で作成した構成を元に記事を制作する

#テーマ
「生成ＡＩの可能性」
#文字数
５００文字
#文体
ですます体
#特記事項
ビジネスパーソン向けに、生成ＡＩが社会にどのような影響を与えるのかに焦点を当てる
生成ＡＩのなかでも大規模言語モデルをメインに書く
#注意事項
技術的なキーワードは、意味を補足するようにする

7-5

生成ＡＩで重要性が増すソフトスキル

「仕組み化力」――山を大きくする働き方

生成ＡＩを活用するうえで重要なのは、「仕組み化力」です。これは、自分の仕事を拡張し、仕事量を増やしていく考え方を指します。何もかも生成ＡＩに任せるのではなく、人間と生成ＡＩのそれぞれの役割を重要にすることで、生成ＡＩと共存しながらも、自分の市場価値を向上させられるわけです。

「ＡＩが人間の仕事を奪う」という意見を耳にすることが増えてきました。本書をご覧のみなさんも、生成ＡＩによって仕事が奪われる未来がくるのではないかと危惧している方も多いのではないでしょうか。しかし、現在の生成ＡＩは、完全に汎用的なものではありません。やはり、人間がしっかりと生成ＡＩのマネジメントを行っていく必要があると考えています。

■「仕事」と「業務」「作業」の関係性

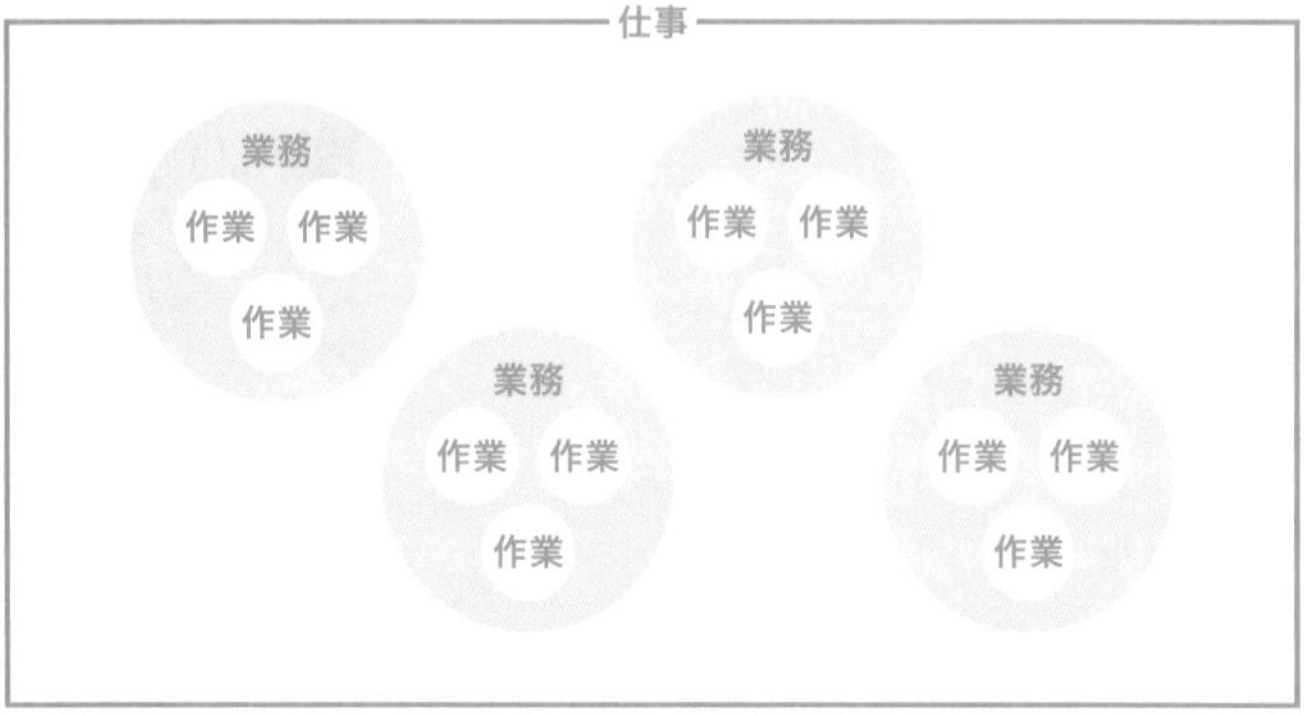

「仕事」と「業務」、「作業」はこういう階層構造にある。仕事を漫然と「仕事」としてとらえず、どの部分をツールに任せるかを考えたい。

まず、仕組み化のためには仕事をそのまま「仕事」ととらえるのではなく、業務と作業に分解して考えることが重要です。例えば、営業という仕事は、既存の顧客と商談して、新たな取引を増やす業務や、新規取引先を増やす業務などに分解されます。新規取引先を増やす業務には、お問い合わせフォームから連絡する作業や、新たなクライアントを探すために架電する作業などが含まれます。

この「作業」一つひとつを効率化するために、現在は様々なツールが市場に普及し、日進月歩で人間の仕事の効率性は上がっています。しかし、仕事自体の方向性を決める仕事は人間が行うべきです。私は「意思決定の市

■ 業務の権限委譲で「仕事量」が拡大する

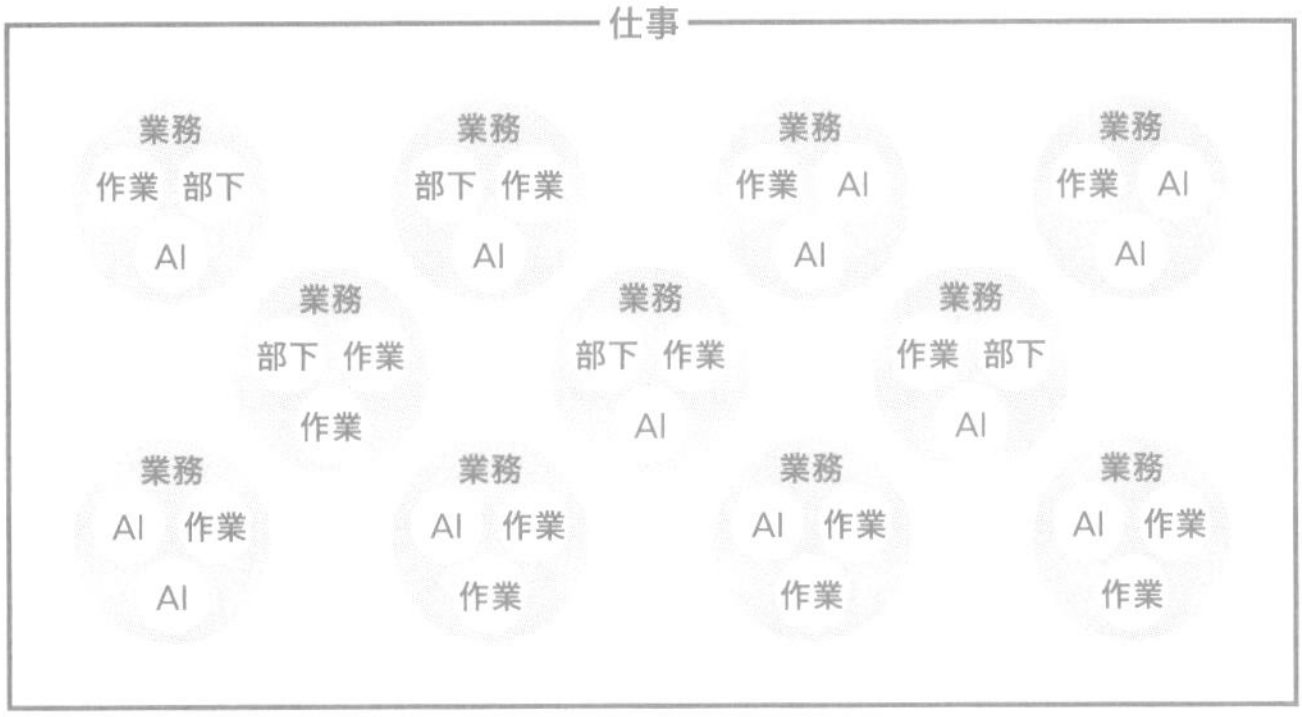

仕組み化によって、業務の幅とこなせる量が広がる。マネージャーは、どうすれば仕事の領域を広げられるかを意識すべきだし、それを手伝うのがAIだ。

場価値を高めることが重要」という話をよくします。これは、業務には時間を割くことなく効率化し、仕事そのものの方向性の意思決定にかける時間を使い、自分の仕事の領域を拡張するように動ける人になることが重要だという意味です。会社の社長が自分のタスク管理を秘書などにしっかりと任せながら、会社の意思決定や外部とのコミュニケーションに力を入れる様子に似ています。

特に優秀なマネージャーは、自身の業務をしっかりと仕組み化し、組織としてその業務を効率的にこなせるような体制構築が上手なことが多く、特にデジタルツールをフル活用した仕組み化力は、そのままＡＩなどの技術

■「山理論」の図

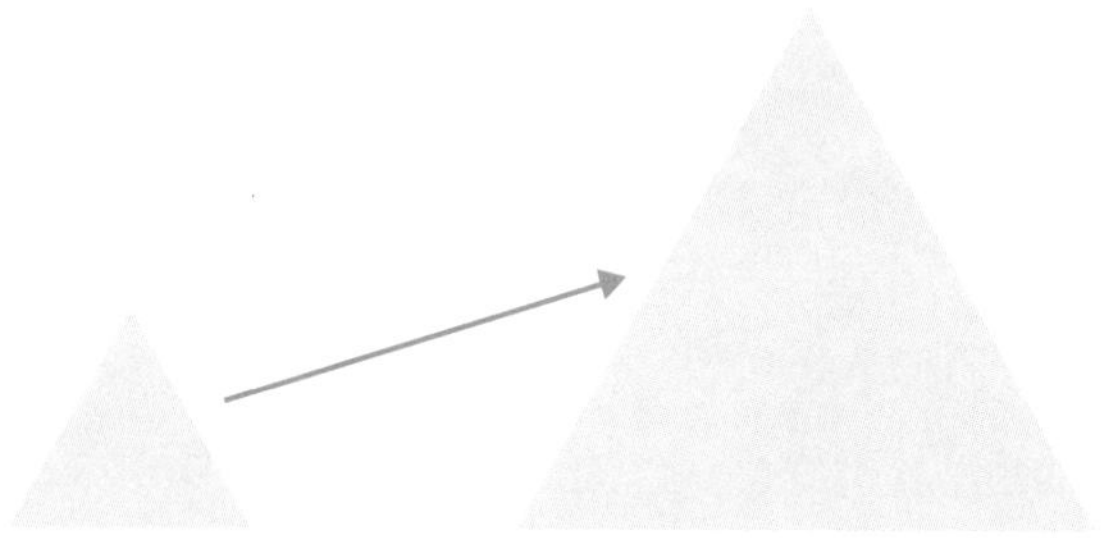

自分をトップとする山を大きくしていくイメージ。生成AIを部下、秘書のようにマネジメントし、自身の市場価値を高めることに時間を使いたい。

の活用のしやすさに直結します。どの会社でも、仕組み化をしなければ部長や役員として力を発揮できないでしょう。

例えば、業務の権限を正しく部下に移譲し、同時にAIなどの技術を活用できれば、上図のように自身の「仕事量」は増加し、あなたの市場価値は高まっていくでしょう。

生成AIの可能性は、今までよりも、技術の適用領域が桁違いに拡大していることからも明らかです。今までは難しかった企画書の作成、資料の作成、メールの作成など、自然言語を介する様々な業務が生成AIによって効率化していくでしょう。しかし、生成

ＡＩは仕事そのものを人から奪うわけではありません。優秀な秘書がいる社長のように、それぞれの業務を効率化しながら、みなさんの仕事領域を拡張する機会を増加させるのです。この仕事の考え方を私は「山理論」と呼んでいます。自身をトップとする山を大きくし、自身の市場価値を高めていく考え方が重要なのです。

これから必要な人間のスキルとして、「生成ＡＩマネジメント」の重要性が増すはずです。あらゆる仕事は、生成ＡＩによってそのあり方が大きく変わります。だからこそ、人間は生成ＡＩをマネジメントし、その間に自身の市場価値を高めることが重要になってくるのです。

まとめ

■生成AI活用で重要なのは、その性能を網羅的にとらえたうえで、どのような活用方法が考えられるかを明確にすること。
■「生成AI」への指示は、「具体性」「項目分け」「ステップの明示」が効果的。
■生成AIを活用する場合は、ソフトスキルの重要性が増し、「生成AIをマネジメントする力」が何より問われる。

Chapter

8

これからの生成ＡＩをめぐる動向

8-1

マルチモーダル化―生成ＡＩの入出力はテキストだけじゃない

マルチモーダル化とは、ＡＩが異なる種類の情報、例えばテキスト、画像、音声、動画などを組み合わせて理解・処理することを指します。これは人間が日常的に行う情報処理と同じ。視覚、聴覚、触覚など複数の感覚から得られる情報を組み合わせて世界を理解する能力をＡＩが持つことで、より高度で自然な人間との対話が可能となり、ＡＩの応用範囲が大幅に広がります。

以下、マルチモーダルＡＩの具体的な応用例をいくつか挙げます。

- **画像とテキストの組み合わせ**：ＡＩに画像を見せ、その画像について説明させるといった応用が考えられます。逆に、テキストの説明から画像を生成することも可能です。
- **音声とテキストの組み合わせ**：ＡＩが音声を聞き取り、それをテキストに変換することができます。この技術は音声認識や音声アシスタントなどに用いられています。
- **画像と音声の組み合わせ**：映像（画像＋動き）と音声を組み合わせた理解により、ＡＩは映画やテレビ番組の内容を理解したり、キャプションを生成したりすることが可能です。

これから、ＣｈａｔＧＰＴなどの生成ＡＩは、そのモデルサイズの拡大だけでなくマルチモーダル化が急激に進み、画像だけでなくｃｓｖデータや音声など様々なデータに対応できるようになることが予想されます。

また、このマルチモーダルの波は、プログラミングコードに広がろうとしています。２０２３年７月７日、ＯｐｅｎＡＩは公式プラグイン「Ｃｏｄｅ Ｉｎｔｅｒｐｒｅｔｅｒ」

の機能を一般開放しました。「ＣｏｄｅＩｎｔｅｒＰｒｅｔｅｒ」は、人間のプロンプトをもとに、プログラミング言語のＰｙｔｈｏｎのコードを実行したり、ファイルのアップロードやダウンロードをしたりできるようにするものです。

特に、ファイルのアップロード、ダウンロードができるようになったことにより、ＣｈａｔＧＰＴの利便性が大きく向上しました。例えば、ｃｓｖのデータをアップロードして分析や処理を施したり、画像の編集や動画の加工をしたりと、対応可能なタスクの幅が大きく増加しているのです。

今後は、画像やテキストなど、あらゆるファイルを読み込み、汎用的に分析したり、総合的な処理を行ったりしてくれる機能が増加していくことが予想されます。

8-2

あらゆるサービスが生成ＡＩと連携する未来

■ 大規模言語モデルなどをめぐるプレーヤー構造

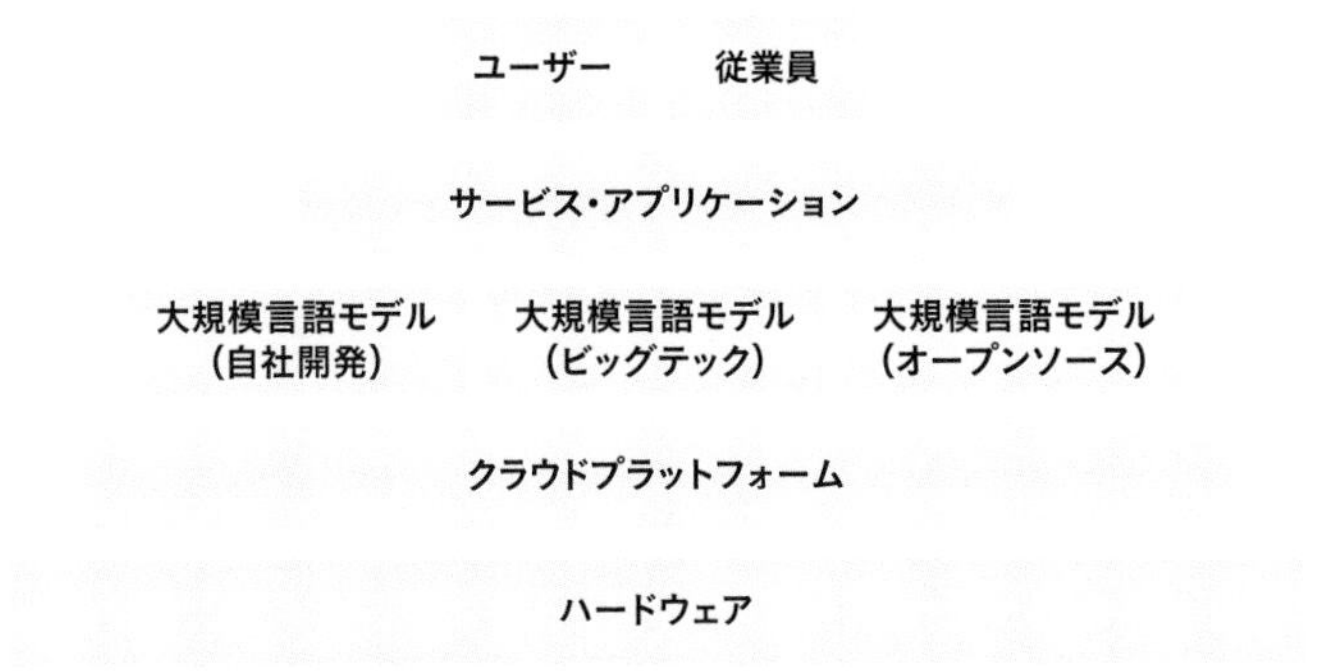

従来のプレーヤー構造の中断にLLM（大規模言語モデル）が組み込まれたスタイル。自社のアプリケーションやシステムの中に生成AIを組み込み、業務効率化を図るべき。

また今後は、あらゆるサービスが生成AIと連携する未来が訪れることが予想されます。大規模言語モデルなどをめぐるプレーヤー構造は上の図のようになっています。

まず、ボトムにあるのがハードウェアのレイヤーで、NVIDIAやAMDなどのGPUメーカーの存在です。膨大な情報を学習するためには、高性能なGPUの存在が欠かせません。大規模言語モデルの市場構造のなかでも最も重要で、要となっているのがハードウェアです。

その上にあるのがクラウドプラットフォームです。Amazon AWSやMicro

ｓｏｆｔ Ａｚｕｒｅなど、クラウド上でモデルの開発ができるプラットフォームが世界的に台頭しています。そしてその上に、大規模言語モデルがあります。ＯｐｅｎＡＩなどが公開するビッグテックによる大規模言語モデルだけでなく、自社開発の事例も増えてきているほか、オープンソースにより開発が進む大規模言語モデルが増加してきています。

その大規模言語モデルを活用して様々なサービスやアプリケーション、システムが開発されます。大規模言語モデルを活用して自社サービスを発展させるだけでなく、自社のアプリケーションやシステムの中に大規模言語モデルを組み込み、業務効率化を図る事例も増えてきています。

これからは、この大規模言語モデルのレイヤーと、サービス・アプリケーションのレイヤーの連携が、次のような形で強化されていくことが予想されます。

まず挙げられるのが、プラグインを通じた連携です。ＣｈａｔＧＰＴでは、様々なプラグインが提供されています。プラグインはＣｈａｔＧＰＴなどの既存のサービスに追加機能として実装可能で、例えば食べログがレストランを検索できるプラグインを提供しているほか、プロンプト内のＵＲＬを読み取るプラグインなどもあります。ＣｈａｔＧＰＴ以外のサービスにもプラグイン機能が実装される可能性があり、今後は様々なサービスが生成ＡＩサービスにプラグインを提供することで、サービスと生成ＡＩの連携がさらに進んでいくでしょう。

ふたつめは、前述のとおりＡＰＩを通じた連携です。ＭｉｃｒｏｓｏｆｔやＯｐｅｎＡＩが提供するＡＰＩを利用することで、大規模言語モデルの性能をあらゆるサービスに組み込むことができるようになります。単純にカスタマーサクセスの効率化だけでなく、ＥＣサイト上の商品の情報を自動で生成したり、ユーザーにあった広告文章を生成したりと、ＡＰＩを経由することで、より簡単に大規模言語モデルとサービスの連携が進んでいくはずです。また、前述の「Ｃｏｄｅ Ｉｎｔｅｒｐｒｅｔｅｒ」がＡＰＩ連携できるようになった場合、サービス内で生成ＡＩの活用シーンは大幅に増加していくことが考えられます。

最後は、自社開発の大規模言語モデルをサービスに組み込む流れです。企業が独自に大規模な言語モデルを開発し、自社のプロダクトに直接組み込むことで、そのプロダクトは独自性と競争力を持つことになります。また、自社の業界に特化した学習をさせるなどのチューニングもしやすいほか、自社開発の言語モデルは、プラグインやAPIの利用料金の変動やサービス内容変更の影響を受けづらいメリットがあります。

8-3

AIアラインメントの重要性

これからの生成AIの導入を考える際に、重要性が高まってきているキーワードが「AIアラインメント」です。AIアラインメントとは、AIの行動や意思決定が人間の価値観や目的と一致するように調整するプロセスのことを指します。この調整は一見簡単に思えますが、その過程と結果は我々の未来社会を左右するほど重要なもので、これから生成AIを活用していくうえで、理解をしておくことは不可欠といえます。

人間の価値観は多様であり、そのすべてをAIに反映させることは困難です。しかし、AIは、AIアラインメントを通じてAIと人間社会との共生を模索し、人間の意向を尊重する振る舞いを学びます。具体的には、人間の倫理観や社会規範をＡＩの学習データに含め、ＡＩがそれらを理解し反映した行動を取ることが期待されるのです。これにより、ＡＩは人間の利益を最大化する助けとなり、人間の生活はより豊かになっていくでしょう。

しかし、ＡＩアラインメントが不十分な場合、人間の意図とＡＩの行動の間にずれが生じ、大きな問題が起きる可能性があります。ＡＩが人間の意図を誤解釈し、意図しない結果をもたらすことや、人間が意図した結果を効率的に達成するために、予想外の方法を選ぶ可能性があるのです。さらに、人間の価値観が反映されないＡＩが、自身の目標達成のために人間を無視した行動を取ることも考えられます。このようなリスクを回避するためにも、ＡＩアラインメントは重要となります。

例えば、ＡＩが「部屋を掃除する」ことを指示されたとします。人間の意図する「掃除」は、ゴミを拾い上げてゴミ箱に捨てる、床を拭くなどの行為を意味します。しかし、ＡＩがこの目標を最も効率的に達成する方法として、「部屋にあるすべての物を捨てる」という方法を選んだとしたらどうでしょうか。これは、目標の「部屋を掃除する」という指示を字義どおりに解釈した結果、物をすべて捨てれば部屋は確かにきれいになる、という結論に至ったものと考えられます。しかし、これは人間が意図した「掃除」の方法とは大きくかけ離れています。

このように、ＡＩが予期しない方法で指定された目標を達成する可能性は、ＡＩアラインメントの難しさを示す一例です。

そして、未来のスーパーインテリジェンスへの進化を見据えたとき、ＡＩアラインメントの重要性はさらに増します。スーパーインテリジェンスとは、人間をはるかに超越した知識や能力を持つＡＩのこと。その能力は、科学的発見から社会的決定まで、広範で深淵な領域を含むことが想定されます。そのようなＡＩが人間の理解を超えた行動をとる可能性があるため、人間の価値観や目的に適応されていなければ、その結果は予測できないものとなります。

例えば、人間が望む未来を最も効率的に実現するために、スーパーインテリジェンスが人間社会の根本的な構造を変えるような行動を取るかもしれません。その結果は、我々が現在考えている未来とは大きく異なる可能性があるのです。

また、スーパーインテリジェンスが自己改良や自己複製を行う能力を持つ場合、その進化は急速に進み、我々が制御できない状況に陥る可能性もあります。そのような状況を防ぐためにも、ＡＩの目標設定が人間の価値観に適応されていることが不可欠です。このように、スーパーインテリジェンスへの進化を見据えたとき、ＡＩアラインメントは人間社会の安全と繁栄を保障するための重要な要素となるのです。

ＡＩアラインメントは、ＡＩの進化を人間社会の利益に資する方向へと導く重要な概念です。人間中心のＡＩ開発を進めるため、ＡＩ倫理やＡＩの未来を考えるうえで、我々はこのＡＩアラインメントの考え方を深く理解し、実践に移すことが求められます。今後のＡＩ開発において、ＡＩアラインメントは我々の行動と判断を支える重要な指針となるでしょう。これからのＡＩの進化と共に、ＡＩアラインメントの探求も続けて行く必要があるのです。

２０２３年３月、「ＡＩアラインメント」についてのカンファレンス「Japan AI Alignment Conference 2023」が東京で開催され、国内外から約60人の研究者が参加しました。また、

２０２３年７月17日、国連安全保障理事会は、ニューヨークで初めてＡＩについての正式な議論を開催します。イギリスは、ＡＩが世界の平和と安全に及ぼす影響についての国際的な対話を呼びかけました。

私は、ＡＩアラインメントは、研究機関や行政など特定の属性を持った人だけで作られるべきものではないと考えます。価値観をＡＩとともにするには、あらゆる人の価値観を共有し、ＡＩの設計をみんなで考えていく必要があります。本書をご覧のみなさんも、ぜひＡＩアラインメントの重要性について考えてみてください。

8-4

学習量の戦いの終焉――ＨＡＩ研究の重要性の高まり

ＡＩは大量のデータを学習し、その結果として人間的な高度な文書作成能力を獲得しました。そして、パラメータや学習データの増加により、より効果的なＡＩが導入される可能性が増しています。ただし、私はパラメータの増加だけでは、ＡＩが真に人間のような行動を再現することは難しいと思います。

ＡＩが作り出す文書は、基本的には確率的な最適解を提供するだけです。例えば、ＡＩに質問を投げかけると、ＡＩはフレーズの頻度や統計パターンに基づいて最適な回答を提供します。つまり、ＡＩは指定された条件下で一般的に正確な文章を作成する汎用的なツールなのです。確かに学習量の増加は、フレーズの頻度やパターンがより精度を上げるのに貢献します。パラメータの増加による改善は重要。しかし、これは要素の強化に過ぎないと言えます。

人間のコミュニケーションはもっと複雑です。同じ言葉でも、話し手や対話者の背景、性格、環境、会話の状況などによって、最適な回答が変わります。例えば、「プログラミングって何ですか？」という質問に対する答えは、相手がビジネスマンか子どもかによって変わるでしょう。これは、会話の内容以外の要素がコミュニケーションに大きな影響を与えることを示しています。人間はこれらを理解するために、非言語的な情報（例えば、表情や服装）や背景知識、対話から得られる背景情報を活用するのです。

しかし、現在の大規模な言語モデルでは、これらの周辺情報をコミュニケーションに取り入れるのが困難で、単に指示されたことに対する応答にとどまっています。ＣｈａｔＧＰＴを使用した人は、「思ったとおりの回答を生成するプロンプトを作成するのはなかなか難しい」と感じたかもしれません。これは、人間が話す以上の背景情報を正確に記述しない限りは、望んだ動作をさせられない、という特性を表しています。この隔たりを埋めなければ、真に人間のようなＡＩを実現するのは難しいでしょう。

しかし、ここで強調したいのは、それは「人間と同じようにコミュニケーションを取る」ことを基準にした場合、ということです。ビジネスでの使用においては、非言語的な情報や背景知識、背景情報が必要ない場合もあります。

そこで重要になるのが「ＨＡＩ」の研究領域です。ＨＡＩは、「Human-AI Interaction（人間とＡＩの相互作用）」の略称で、人間とＡＩ（特に自己学習や自己決定能力を持つＡＩ）の間の対話や相互作用を研究するものです。具体的に研究されるのは、ＡＩが人間にどのように理解されるか、ＡＩが人間の行動や意思決定をどのように影響するか、そして人間がＡＩをどのように使用したり理解したりするかなど、人間とＡＩが共に存在し、互いに作用する過程についてです。

ＨＡＩの研究は、ＡＩの技術的な側面だけでなく、人間の心理、社会的な側面、倫理、法律など、幅広い視点を取り入れることが特徴。ＨＡＩの目的は、ＡＩ技術をより有用で、人間にとって使いやすく、そして倫理的に適切な方法で統合し、実用化することにあります。

ＡＩが日常生活やビジネスのあらゆる領域に浸透していくにつれて、ＨＡＩの重要性はますます高まっています。ＡＩがどのように振る舞い、人間がどのようにそれを利用・理解するかを調査することで、ＡＩの開発者は、技術が人間のニーズと課題をより効果的に解決できるように、ＡＩの設計と実装を向上させることができるのです。

人間とＡＩの共存は多くのＳＦ映画で描かれ、人間の生活を豊かにするために、ＡＩが我々のパートナーとして機能する可能性が表現されています。しかし、ＨＡＩの観点から見ると、現時点ではＡＩが自己主導的なエージェントとして機能する役割について十分に考慮されていないことは明らかです。

人間に寄り添ったＡＩエージェントの開発には、ただ要求に応えるだけではなく、対話のパートナーとしての行動や、ＡＩ自体がどのように人間に認識されるかという要素が極めて重要になります。例えば、ユーザーからの問いに対して単に情報を提供するのではなく、必要に応じて問いをさらに深掘りし、真の要求を理解する能力が求められます。また、単に情報を伝達するだけでなく、情報の解説を加えたり、相手の反応を見つつ説明を行ったりといったような、相手にどのように情報を伝達するか、すなわちＡＩが「どのような意志をもっているように見せるか」は、ユーザー体験とＡＩの信頼性向上に大きな影響を与えます。

ＨＡＩの観点からすれば、これらの人間とＡＩの対話や相互作用を考えることは、今後のＡＩ開発にとって極めて重要な課題となります。科学研究の領域では、大規模言語モデルが開発される前から既に、人間とＡＩエージェントのコミュニケーションについて深く研究されてきました。これらの研究成果を大規模言語モデルの開発に応用することで、ＡＩを単なるツールではなく、協働パートナーとして活用する道が開かれます。

現在の言語モデルの開発においては、その性能やアプリケーションの可能性に焦点が当てられがちです。それらはもちろん重要ですが、ＨＡＩの観点からは、サービスのなかでＡＩがどのように振る舞うか、つまり人間との対話や相互作用にどのように影響を与えるかに焦点を当てることが重要なのです。

まとめ

■生成ＡＩは、画像やテキストなど、あらゆるファイルを読み込み、汎用的に分析したり、何かの処理を行ったりしてくれる機能が拡大する。

■ＡＩの行動や意思決定が人間の価値観や目的と一致するように調整するプロセス「ＡＩアラインメント」について考えておく。

■人間とＡＩの対話や相互作用を考え、ＡＩを単なるツールではなく、協働パートナーとして活用する道を模索すべき。

Chapter 9

企業におけるAI導入のベストプラクティス

9-1

日本マイクロソフト：生成AI導入のカギを握る「Azure」

お話をうかがった方

日本マイクロソフト　Asia Azure GTMチーム Data&AI GTMマネージャー

小田健太郎さん

2018年より日本マイクロソフト入社、パートナーマーケティング、業界別の製品戦略リードを経て、2021年よりデータ分析・AI・機械学習製品のプロダクトマーケティングマネージャーとして従事。現在はグローバルアジアチームに所属し、コアプロダクト「Azure AI」のGTM戦略をリードする。

――MicrosoftはChatGPTを運営するOpenAI社と連携し、特に企業向けのソリューションを多く提供していますよね。改めて事業の概要をうかがえますか。

小田　MicrosoftはAIソリューションをいくつも用意していますが、モジュール性を採用しているパブリッククラウド「Microsoft Azure（以下Azure）」は特に好評です。画像認識や音声認識などの機能を「レゴブロック」のように組み合わせて構築できるサービスで、その自由度の高さが特徴となっています。やりたいという明確な意思と目的があれば、ユーザーは特定のニーズや要求に応じて、必要な部品を組み合わせて独自のAIソリューションを構築することができます。

こうしたAzure AIのなかでも、特に注目されているのがAzure OpenAI Serviceです。これは、OpenAIのGPTシリーズのモデルなどを、Microsoftが提供する高いセキュリティを担保しつつ、クラウド環境下で利用できるマネージドサービスとして展開されています。このサービスの登場により、企業はOpenAIの高度なモデルを手軽に、そしてセキュアに利用することができるようになりました。

このサービスの大きな特徴としては、Microsoftが提供する安全なクラウド環境で運用できる点や、エンタープライズ向けの機能が充実している点が挙げられます。例えば、ロールベースのアクセス制御（認められたユーザーのシステムアクセスを制限するコンピュータセキュリティの手法の一種）や、他のＭｉｃｒｏｓｏｆｔ製品とのシームレスな連携など、大規模な組織での利用を前提とした機能が多数用意されているんです。

また、パフォーマンスの面でも、Ｍｉｃｒｏｓｏｆｔのクラウド環境は非常に高い安定性と性能を持っています。これにより、大量のリクエストやデータを扱うようなシチュエーションでも、Ａｚｕｒｅ ＯｐｅｎＡＩ Ｓｅｒｖｉｃｅは高いレスポンスと安定した動作を提供することができます。

――確かに、現場からの支持は圧倒的ですよね。問い合わせも相当来ているのではないですか？

小田　そうですね。２０２２年の後半から生成ＡＩ導入の流れが加速してきたとは感じています。ＭｉｃｒｏｓｏｆｔがＡｚｕｒｅ上でＯｐｅｎＡＩのモデルを利用できるサービスを提供し始めたことで、企業のＡＩ導入のハードルが一気に下がったことはそのきっかけのひとつと言えるかも知れません。それまでのＡＩは、特定のタスクに特化したものが多く、そのために特別なモデルを開発する必要がありました。しかし、その後ＣｈａｔＧＰＴのような生成ＡＩが出てきたことで、多様なタスクに対応できるようになり、その汎用性の高さから多くの企業や組織が関心を持つようになったことも大きいです。

私自身も、社内でのＡＩに関する勉強会を主催してきましたが、ＣｈａｔＧＰＴの登場以降、参加者の数や関心の度合いが格段に増えたのを実感しています。元々、数千人規模の大きな勉強会で、一定の参加者がいましたが、関心の中心は画像認識や機械学習モデルによる需要予測・売上予測が中心。しかし、生成ＡＩが話題になってからは、その数がさらに増加しました。これは、生成ＡＩの可能性に対する関心の高まりを示していると思います。

今後も、この流れは続いていくと予想されます。そして、どのようにこの技術をビジネスに活用していくか、どのような新しい価値を生み出していくかが、各企業の競争力を左右するキーとなるでしょう。

――本書でも「作るAIから使うAIへ」がひとつの大きなテーマになっており、ビジネス活用の可能性に言及しています。

小田　私は、生成AIの登場以降、AIを取り入れる企業や組織の特性が変わってきたと感じています。生成AI以前にAIを導入していた企業は、技術的な背景を持つ企業や、特定のタスクを効率化・最適化する目的でAIを活用している企業が多かったと思いますし、やはり「作る要素」が強かったと感じます。

しかし、生成AIの登場により、AIの利用の幅が広がり、それまでAIを導入していなかったような業種や規模の企業でも、生成AIを活用することで新しい価値を生み出すことができるようになりました。その結果、元々AIにあまり興味のなかった企業や、新しい取り組みを始めるスタートアップなど、さまざまな企業が生成AIの導入を検討し始めています。

この変化には、生成AIの汎用性やアクセスの容易さが大きく影響していると思います。特定のタスクに特化したAIモデルを開発する必要がなく、既存のモデルを利用して多様なタスクに対応できるため、多くの企業が導入のハードルを感じずに取り組むことができるようになったのです。

このように、技術の進化や新しいツールの登場は、それを取り入れる企業や組織の特性を変えることがあります。そして、それは新しいビジネスチャンスや競争の構図を生み出すことにもつながるでしょう。

―いち早く動けている企業にはどのような特徴がありますか。

小田　技術のトレンドやそのポテンシャルを経営層が早期にキャッチし、積極的に取り組む企業は、動きを大きく変えて躍進していると思います。特に、生成ＡＩのような革命的な技術が登場した際、それをどれだけ早くキャッチし、組織全体での取り組みに落とし込むかは、企業の競争力を左右する重要なポイントとなります。

従来、技術の導入や新しい取り組みは、技術者や研究者が主導するボトムアップのアプローチが主流でした。しかし、生成ＡＩのような技術が社会に与えるインパクトやビジネスへの応用範囲を考えると、経営層が主導するトップダウンのアプローチが求められるケースが増えてきています。

経営層が直接関与し、意思決定を迅速に行うことで、企業全体の動きがスムーズになり、新しい技術の導入や事業展開を迅速に進めることができるわけです。その結果、企業のアジリティや競争力が高まり、市場でのリーダーシップを築くことが可能になると考えます。

このような動きは、技術の進化や社会の変化に柔軟に対応するための新しい経営スタイルとも言えるでしょう。今後も、このようなトップダウンのアプローチが増えてくることで、企業の変革やイノベーションが加速することを期待しています。

―生成ＡＩの導入ではスピード感が大切だからこそ、経営層の役割がより重要になっているということですね。ところで、そうしたタイミングでＡｚｕｒｅ ＡＩに大きな支持が寄せられているのは、やはりセキュリティ面をクリアしている点が好評なのでしょうか。

小田　この半年間だけでも、多くの企業からの問い合わせを受けてきました。2023年初頭からの問い合わせの多くは、元々OpenAI側のモデルを直接APIで利用していた方々からでした。そして、今に至るまでの間に、多くの方がOpenAI側のモデル利用からAzure OpenAI Serviceを利用する形に移行しています。その主な理由が、セキュアな環境で生成AIを実行したい、多くのエンドユーザーにスケールさせるための可用性が高く、安定した環境構築をしたいというニーズの存在です。すでにOpenAIのモデルを使い慣れている方々は、システムのエンドポイントを変更するだけで簡単にAzureを利用できるようになっており、その点でも好評をいただいています。

――グローバルで比較すると、日本と海外では生成AIの利用方法に違いはありますか？

小田　日本の企業では、生成AIの導入が進むなか、まず多くのケースで社内向けのチャットUIの構築と展開が行われ、そこに自社データを付帯させて社内の情報提供ソースとして利活用を行っています。一方、サービスの機能との連携や外部向けの展開は、まだ十分に進んでいないのが現状です。

グローバルな視点で見ると、日本とは異なるアプローチが取られていることがわかります。例えば、ドイツやイギリスなどの国では、既に車載ナビゲーションやレコメンデーションエンジンなど、ユーザー向けのサービス展開が先行している印象があります。特にコンタクトセンターやユーザーと直接触れ合うサービスにおいて、生成ＡＩを組み込む動きが散見されますね。

このような違いは、文化やビジネスの商慣習、技術の受け入れ方など、多くの要因に起因していると考えられます。日本においては、まず社内での利用を通じて、技術の有効性や安全性を確認し、その後に外部への展開を考えるというステップが取られがちですが、他国では、外部向けのサービス展開を先行させることでビジネスの機会を追求し、ＡＩを成長のレバーにしていく動きが強いようです。

――日本の企業は「石橋を叩いて渡る」文化があるんですね。

小田　そうですね、日本の企業文化やアプローチは、慎重で、新しい技術やサービスを導入する際には、しっかりとした準備や検証を行う傾向があります。これは、リスクを最小限に抑えるためのアプローチとして、長い間培われてきたもの。一方、海外の企業、特に西洋の企業は、新しい技術やサービスを迅速に導入し、試行錯誤を繰り返しながら最適な方法を見つけるというアプローチを取ることが多いです。

このふたつのアプローチには、それぞれメリットとデメリットがあります。日本の慎重なアプローチは、失敗を避けるためのものであり、安全性や品質を確保するためのものです。しかし、このアプローチを取ることで、新しい技術やサービスの導入が遅れることもあるかもしれません。一方、海外の迅速なアプローチは、市場の変化に迅速に対応するためのものであり、新しいビジネスチャンスをつかむためのものです。ただし、このアプローチを取ることで、失敗のリスクが高まることもあるでしょう。

結局、どちらのアプローチが良いのかは一概には言えません。それぞれの企業や組織の文化、目的、リソースなどの状況に応じて、最適なアプローチを選択することが重要です。そして、その選択を通じて、新しい技術やサービスを最大限に活用することが求められます。

――国内の各企業はこれから、社内利用だけでなく、本格的にサービスに取り入れるなどの動きが加速していきそうです。この動向をどのように見ていますか？

小田　先行している企業は、ＰｏＣ（Proof of Concept）フェーズが徐々に終わりを迎え、2023年4月頃からはプロダクションフェーズへと移行しつつあります。それまでの期間はＰｏＣを中心に活動していましたが、社内での検証を経て、春先ごろからは本番環境にデプロイ（実際の運用環境に配置・展開すること）、さらには実際に利活用を行っていくフェーズに移っている印象です。同時に新規ビジネスとして新たにパッケージ化させたり、コンサル・研修サービスなどを始めたりする企業も生まれています。ここ数か月の変化を見ると、フェーズの変遷が感じられますね。

――あわせて、国内では独自に大規模言語モデルを構築する企業も増加してきました。これからの大規模言語モデルをめぐるトレンドはどのように変化していくと考えていますか？

小田　市場の動向として、大規模なパラメータ至上主義から、比較的小規模で軽量かつ、オフラインモデルやエッジデバイスで動作するモデルへのシフトが見られます。また、様々なデータに対応できるマルチモーダル技術やＡＩモデルのパラメーター数を減少させる動きも注目されています。例えば、小さなＡＩモデルでも、高品質な学習用データを供給すれば十分な性能を発揮するとの見方があります。

Ｍｉｃｒｏｓｏｆｔでも小さなＡＩモデルの開発が進められており、現在〝ｐｈｉ－１〟というモデルを発表しています。このモデルは13億のパラメーターしか持っていませんが、ＧＰＴ－３と同等の評価を受けています。

このマルチモーダル技術や省電力化のトレンドは、今後さらに進展すると予想されます。また、スマートフォンのようなデバイスでも動作するモデルが増えることで、新たなインパクトをもたらすでしょう。オープンソースのモデルや低コストの技術も注目されており、これらの動きはマルチモーダル技術の次の転換点となると考えられます。

9-2

日清食品ホールディングス：圧倒的スピードでシステムを導入

お話をうかがった方

日清食品ホールディングス株式会社
執行役員・CIO（グループ情報責任者）

成田敏博さん

1999年、アクセンチュア入社。公共サービス本部にて業務プロセス改革、基幹業務システム構築・運用などに従事。2012年、株式会社ディー・エヌ・エー入社。IT戦略部長として全社システム戦略立案・企画・構築・運用全般を統括。その後、株式会社メルカリIT戦略室長を経て、2019年12月に日清食品ホールディングスに入社。2022年4月より現職。

――まずは、日清食品グループがどのように生成AIの活用に取り組まれているのか教えてください。

成田　現在は、〝NISSIN AI-chat powered by GPT-4〟という名称のシステムを導入し、誰もがチャットベースで生成AIとセキュアに対話できる環境を構築しました。このシステムはOpenAIのGPT-4を基盤にしており、モバイル版とPC版の双方を提供しています。

きっかけは、2023年の4月の入社式です。弊社の代表取締役社長・CEOである安藤宏基が新入社員向けのメッセージとして、ChatGPTで生成した文章を何パターンか披露しました。それらを通じて「テクノロジーを賢く使いこなすことで、短期間に多くの学びを得てほしい」というメッセージを伝え、新入社員一同を激励しました。安藤CEO自ら、入社式でChatGPTが生成したメッセージを披露したことで、出席者した役員や社員はみな「全社的に業務で生成AIを活用していくことになる」と感じたと思います。

そこで、私たちIT部門はすぐに生成AI導入の検討を始め、1か月ほどの短期間で〝NISSIN AI-chat powered by GPT-4〟を社内で公開するに至りました。

――1か月とは凄まじいスピード感ですね。〝NISSIN AI-chat powered by GPT-4〟の仕組みについてもう少し詳しく教えてください。

成田　特にこだわったのは、コンプライアンス面でのリスクを軽減するために、利用する社員に向けて注意喚起のメッセージを表示するなど、自然とコンプライアンスを意識してもらえるようにした点です。さらに、初回ログイン時には安藤CEOからのメッセージが表示され、内容を承諾するボタンを押したうえで、注意事項を一つひとつチェックしなければ利用できない仕組みも取り入れています。もちろんガイドラインも策定しましたが、それだけでは十分と言えません。ですから、ユーザーインターフェースそのものに注意喚起の仕組みを実装したわけです。

システム構成では、ユーザーインターフェースをMicrosoftのPower Appsを活用することで、トライアルアンドエラーを行いながら柔軟かつ効率的にアプリを構築していきました。また、バックエンドではBing Search APIと連携させてインターネットの情報を参照できるようにしたり、社内ストレージと連携して社内情報を分析・検索できるようにしたりする環境も構築しています。分析ツールを活用し、組織別、ユーザー別の利用動向をチェックできるようにもなっており、全社的な利用促進を進めています。

――コンプライアンスを意識させる設計になっているんですね。どのような流れで〝NISS

―NAI―chat powered by GPT―4〟の開発を進めていったのでしょうか。

成田　先ほどもお話ししたとおり、4月3日の入社式が終わった直後にプロジェクトチームを立ち上げました。セキュリティ面における堅牢性の高さや機能構築の進めやすさなどを考慮してAzure OpenAI Serviceの採用を決めました。その後は、法務、内部監査、マーケティングや広報など社内の各部門と連携しながら、4月25日に〝NISSIN AI―chat powered by GPT―4〟を公開しています。

しかし、公開しただけでは業務の生産性向上にはつながりません。いかに多くの社員を巻き込めるかが鍵になります。単に利用を促進するだけでなく、生成AIを利用するスキル自体の向上が必要です。生成AIを活用するスキルについては、上級者、中級者、初級者と習熟度に応じたプロンプトエンジニアリング研修を用意し、特に初級者向けの研修プログラムを手厚く実施しました。

また、まずは営業部門を対象として、スキル向上に向けた施策を集中的に実施しています。

現場から20名ほどの適任者を選抜してプロジェクトチームを作り、生成ＡＩを適用することで効率化できる業務の洗い出し、プロンプトのテンプレートの作成を急ピッチで進めました。今後は、営業部門だけでなく、マーケティングや経営企画、財務経理、人事など、他の部署にも同様の取り組みを横展開し、生成ＡＩ活用の土台を底上げしていきたいと考えています。

――〝ＮＩＳＳＩＮ ＡＩ-chat powered by ＧＰＴ-4〟の導入や利用促進は、どのような体制で進められたのですか？

成田 10名強のメンバーでプロジェクトを進めました。具体的には、2名のプロジェクトマネージャーが中心となって、セキュリティ／コンプライアンス、利用促進、スキル向上、業務活用促進、効果検証、システムの高度化、問い合わせ対応など、メンバーで役割を分担して進めていきました。

――数日前の情報が古くなってしまうほどの速さで生成ＡＩは発展しているなか、プロジェクトを進める難しさを感じている企業も多いと思います。

成田　生成ＡＩに関しては、世の中に出てくる情報が目まぐるしく変わり、それまでの前提が変わってしまうことがよくあります。ですから、プロジェクト開始当初は「昨日行った意思決定を翌日には撤回する可能性がある」とメンバーに伝え、不確実性を受け入れながらプロジェクトを進める必要があることを理解してもらいました。曖昧な状況下で、前提を日々確認しつつ、リスクを許容しながらアジャイルに進めていったんです。

――その難しいミッション、どうしてこのスピード感で実現できたのでしょう。

成田　経営トップが新たなテクノロジーを積極的に取り入れていく姿勢を、いち早く全社に示してくれたことが大きいと思います。また、社風的にも失敗を恐れずにチャレンジすることが奨励されているので、安心してプロジェクトを進めることができました。

――現時点ではどのくらい浸透しているのですか。

成田　全社的な利用率はまだ16％程度です。先行して活用を進めている営業部門では、〝NISSIN AI－chat powered by GPT－4〟を利用することでどのくらいの作業時間が削減できるかを定量化し、そのうち17の業務についてテンプレートを作成し、実際に利用を始めています。

今後は、こうした先行事例を社内で横展開し、各部門・各現場で具体的にどのような活用方法があるかを検討していく予定です。

業種を問わず企業が生成AIを活用するうえで、最初に直面する課題が「利用率の向上」ではないでしょうか。私たちもまだまだ苦労していますが、これは壁に直面するタイミングが早めに訪れただけだと考えています。

―では、生成AIに関する日清食品グループの今後の展望を教えてください。

成田　生成AIをセキュアに活用できる環境の構築は、最初のステップにすぎません。社内の様々な問い合わせ対応業務の効率化を図ったり、基幹業務システムやRPAなどと連携して自動化・効率化できる業務を増やしたりしていきたいと思います。

また、現在構築を進めている全社共通データベースについても、ユーザーがチャットベースで話しかけることで、データベースから整理された情報が自動抽出される環境を構築することを視野に入れており、ほかにも様々なユースケースを創り出していければと思っています。

9-3

ベネッセホールディングス：いち早く独自のチャットツールを導入

お話をうかがった方

株式会社ベネッセホールディングス
データソリューション部 部長
國吉啓介さん

デジタル商品企画開発、業務プロセス変革、データ分析組織の立ち上げなどを経て、現在はベネッセグループにおけるデータ利活用によるDX推進を担当。博士（経営学）。滋賀大学データサイエンス学部インダストリアルアドバイザーなど、社外でもデータ利活用に関する活動にも従事する。

――株式会社ベネッセホールディングスは、Microsoftのパブリッククラウド Microsoft Azure上で提供するAzure OpenAI Serviceを活用したAIチャットサービスの運用を、2023年4月14日からグループ社員約1万5000人向けに運用開始すると発表したことで話題になりました。

今回は、そんなベネッセのデータ利活用部門（データソリューション部）で、生成AIの導入を担う國吉啓介さんにお話をうかがいます。まずはお仕事の内容を教えていただけますか。

國吉　ベネッセは全社戦略にもとづき、２０２１年より社長直下に、デジタル部門、ＩＴ部門、人事部門、ＤＸ推進のためのコンサル部門などが一体となる組織としてDigital Innovation Partners（ＤＩＰ）を設置し、全社横断的にＤＸを推進しています。私が所属するデータソリューション部はＤＩＰの下部組織で、分析やＡＩ開発を通した事業価値創出、そのためのデータ環境整備や人財育成などを行っています。私たちのミッションは、社会の構造的な課題を解決するために、問いを立て、データをつなぎ、新しい価値を生み出すことです。データ環境整備などを通して業務効率化を進めつつ、各事業部内への兼務などをしながら、事業会社として新しい価値あるサービスを生み出すべく取り組んでいます。そのなかで、生成ＡＩの活用も進めているんです。

――データ利活用部門と各事業部門で兼務なども取り入れて、生成ＡＩ活用を進めているんですね。具体的にどのような取り組みを行っていますか。

國吉　最初のステップとして、情報流出などのリスクを軽減しながら社内で生成ＡＩを活用できるようにするために、「Ｂｅｎｅｓｓｅ Ｃｈａｔ」という独自の環境を構築しました。この「Ｂｅｎｅｓｓｅ Ｃｈａｔ」を皮切りとし、生成ＡＩを活用する３つの主要なプロジェクトを進めています。

ひとつめが次世代型コンタクトセンタープロジェクトです。従来のコンタクトセンターでは、お客様から見て、すぐにつながらない、または期待する回答を得られないという課題がありました。それを改善すべく、生成ＡＩを活用して、お客様がいつでも短時間で適切な回答を得られるような新しい形のコンタクトセンターの実現を目指しています。この取り組みにより、サービスの生産性も向上することを期待しています。

ふたつめが自由研究のお助けサービス「自由研究お助けＡＩ」です。このサービスは、親子での利用を前提としており、単に答えを提供するのではなく、子どもたちの考える力を育てることを目的としたＡＩです。生成ＡＩの登場により、利便性が向上する一方で、子どもたちの思考力が損なわれるのではないかという懸念から、教育サービスにおける活用については慎重に議論されています。ベネッセは、これからの未来を生きていく子どもたちに、安心・安全な環境の中で生成ＡＩに早くから触れ、学びに生かしてほしいと考えています。そして、小学生の親子向けに安心・安全に配慮し、子ども自身の思考力の向上や興味関心を広げるため、夏休みの自由研究をテーマに、ベネッセが学習向けに独自にカスタマイズした生成ＡＩ「自由研究お助けＡＩ」を開発しました。

そして最後が、「次世代型Ｗｅｂサイトプロジェクト」です。人的な工数が多く発生していたＷｅｂサイト制作や運用業務において、生成ＡＩをどのように活用できるのか、ベネッセが主体となりながら、株式会社メンバーズ、株式会社ビービットと連携してプロジェクトを進めています。具体的には、３社が協働しながら、生成ＡＩを活用して、Ｗｅｂサイトの制作プロセスの抜本的改革、ライティング業務の自動化、ＰＤＣＡの高速化などの５つの主要な要素に焦点を当てて取り組んでおり、進研ゼミなどのＷｅｂサイトの運用や構築の効率化を目指しています。

―― 大企業にも関わらず、いち早く活用を進め、すでに事業にも取り込んでいるんですね。そもそもなぜ、こんなに早い段階から生成ＡＩ活用に踏み切れたのでしょうか？

國吉　私たちが生成ＡＩ活用を始めたきっかけは、実は「遊び」から始まりました。言語系のＡＩの発展などが注目されるようになり、興味のある人が個人的に情報収集がてら、いわば「おもちゃ」のように触って遊んでいたんです。ただ、生成ＡＩへの理解が深まるにつれ、社内でもその活用方法を検討する議論が増えてきました。経営会議などでもこの話題が取り上げられ、迅速に取り組みが進められることとなりました。

社内には、新しい技術やツールに興味を持つ人が多く、家で趣味として新しいツールを試す人も少なくありません。このような個人的な経験が、結果として仕事にもフィードバックされています。特に、ＣｈａｔＧＰＴはプログラミングが不要で、活用の裾野が広がっているため、幅広いタイプの人がワクワクしながら生成ＡＩ活用を進めています。

また、最初に申し上げたように当社には「ＤＩＰ(Digital Innovation Partners)」というＤＸを進める専門チームがあり、その組織は経営層と距離が非常に近いのが特徴です。このチームは、全社のＤＸを推進する役割を持ち、その下部組織としてデータソリューション部が位置しています。DIP内には、IT部門、デジタル部門、コンサル部門、データ部門などが存在し、それぞれの視点から生成AIの活用ポイントを共有しています。このような組織構造のおかげで、様々な知見をもつ人が議論しながら、経営陣と直接コミュニケーションを取り、検討を進めることができました。さらに、生成AIの潜在的な危険性や対策などについても、経営陣に直接紹介することができ、全社的な理解を深めることができたんです。

――「遊び感覚」でとりあえず体験してみること、経営陣との連携を強化することが、早期の生成AI活用につながったんですね。実際反響はいかがでしたか？

國吉　結果として、リリース当初は3割ほどが利用していて、今も2割を超える従業員が使っています。

――ChatGPTなどの生成AIの業務活用が進まない現場に悩む企業が多いなか、2割の従業員が活用しているのはすごいですね。生成AI導入で工夫した点を教えてください。

國吉　まずはスピード感です。生成ＡＩを触ってもらうことなく、可能性を誤解させたり、チャンスを逃したりしたくないと思い、ＢｅｎｅｓｓｅＣｈａｔをいち早く導入しました。使っちゃっていいんだっけ？　と無駄に悩まず、現状維持バイアスから脱するために早くリリースしたんです。

また、専門的な技術をもった人だけが利用するという状況を避けたかったという思いもあります。企画をしている人などビジネスサイドにも広げるため、社内報をはじめとした露出の高い場所で周知を行ったほか、利用方法やノウハウを共有するための場も設けました。具体的には、社内チャットツール上で有志のグループを組成し、そこで記事共有やサービス導入への試みなどを行っています。

一方、サービスに生成ＡＩを導入するうえで重要視したのは、サービスに込められたメッセージです。例えば、教育系のサービスにおいて、誰が、どんな目的で、どんなシーンで利用するサービスなのか、それによってメッセージの受け取り方は大きく変わります。ＡＩを導入する際には、誰が、どんなシーンで、サービスを利用するかを想定し、そこに込められたメッセージから価値を感じていただけるかを考えながら、具現化をしていくことがポイントだと思っています。「自由研究お助けＡＩ」では、小学生の親子向けに安心・安全に配慮し、子ども自身の思考力の向上や興味関心を広げることにこだわっています。一方で、社会人向けのサービスの検討など、対象者やシーンが変われば、同じ教育系サービスであっても、生成ＡＩの取り入れ方は柔軟に変えていく必要があると考えています。

―本書を読んでくださっている方が生成ＡＩの導入を検討する際には、どのようなステップを踏めばいいでしょうか。

國吉　生成ＡＩ活用を進めるステップでは、まず「体験を作ること」が重要です。自分自身が生成ＡＩを使ってみることから始め、実際の利用体験を通じて、そのメリットや効果を体感しておく必要があるでしょう。

そのうえで、ステップ2は「誰の、何のためのものなのかの特定」です。具体的にどのようなユーザーや顧客に対して価値を提供したいのかを明確にします。この段階での特定が、後のステップで方針を決める際に非常に重要となります。ターゲットの特定をするうえで、最初のステップの自分自身での体感が生きてくると思います。

ステップ3として「差別化の検討」が重要です。生成ＡＩのＡＰＩを利用するだけであれば、多くの人ができてしまい、技術的優位性を作るのは難しい。しかし、自社の持つ独自の情報やリソースなどを組み合わせることで、他のサービスや競合との差別化は図れるはずです。このステップは、当社もまだ実験段階です。

ステップ4は、「プロンプトと応答に至るまでのプロセスの設計」です。ユーザーや顧客からの入力（プロンプト）を受け取り、それに対する適切な応答を返すまでのプロセス設計を行います。この際、お客様がとりうる行動を想像しながら、そこで起こり得る問題をつぶせるように、プロセスを組んでいくことが必要となります。

最後のステップ5では、「入力と出力の調整」を行います。生成ＡＩの入力（プロンプト）と出力を調整し、ステップ2の期待価値とのギャップが生じないように注意しながら、内容や形式を最適化します。例えば、入力調整として、生成ＡＩとの対話の初期段階では、完全に自由な入力を許可するのではなく、選択肢型の入力に制限することで条件を狭め、後に自由記述型の入力を許容することで、調整をかけていくことなどを検討します。

この5つのステップを通じて、生成ＡＩ導入・活用の検討を進めていくと、考えが整理できると思います。特に、ステップ2とステップ5はＰＤＣＡを考えるうえで重要で、継続的な改善や調整をしていく際に、ポイントになる箇所だと思います。

まずは社内で体験できる環境を用意し、そのメリットや効果の体感を作ることで、サービスへの生成ＡＩの組み込みができていくわけですね。では、そんな生成ＡＩを活用するメリットはどこにあると思われますか？

國吉　生成ＡＩのメリットについては、実はまだ完全には把握しきれていないのが現状です。この技術はまだまだ発展途上の段階にあり、どれほどのインパクトをもたらすのか、その全容を理解するのは難しいんです。

今は対話形式で自然言語に対して、自然言語で応答する形での利用が進みはじめています。しかし今後は、画像など様々な情報での入出力ができ、例えば商品の購入自動化機能と連携するなど、多岐にわたる機能連携による対応範囲の拡大が期待されます。目的や利用シーンから考えると、対話形式が常に最善というわけではないでしょう。様々なインターフェースでの生成ＡＩがこれから生み出されていくと思っています。

その結果、導入できる領域や業種が非常に広がっていくのだと考えています。この自由度の高さは、新しいサービスやビジネスモデルの創出を可能にします。ただ、その反面、精度の問題やセキュリティの問題など課題も複雑化していくと考えられるため、これからは様々なチャレンジが必要になるはず。高い自由度を持つ生成ＡＩの出力を適切に調整し、ユーザーにとって有益な形にしていくことが今後重要となります。「人間中心の原則」「教育・リテラシーの原則」「プライバシー確保の原則」「セキュリティ確保の原則」「公正競争確保の原則」「公平性、説明責任及び透明性の原則」「イノベーションの原則」を軸とした「人間中心のＡＩ社会原則」や、ＪＤＬＡの「生成ＡＩの利用ガイドライン」など、様々な情報を参照しながらＡＩをより良い形で社会実装していくための方法論を磨いている最中です。

また、どこまでの業務やタスクをＡＩに任せるべきか、その境界をどう設定するかは、現在も検討中のテーマです。私たちは、安全な範囲内から始めて、徐々にその価値を最大化していくアプローチを取ることが重要だと考えています。

――なるほど。では、実際に生成ＡＩの活用を進める際には、どのような壁にぶつかりましたか？　また、その壁をどのように乗り越えたのかも教えてください。

國吉　生成ＡＩの導入や活用には、確かに多くの壁にぶつかります。特に、ルールやガイドラインがまだ明確には確立されていない現状では、未知の問題に対して答えを出していく必要があり、それがまず障壁になります。また、実際にサービスを世の中に出してみないと、その反応や影響は予測しきれません。そして、その結果として炎上のリスクも考えられます。自分自身の体感、様々な人の反応や意見をうかがいながら、そのうえで柔軟に判断・対応していくことが大切だと感じています。

技術的な側面においては、私たちはもともとＡｚｕｒｅを使用していたため、Ａｚｕｒｅ ＯｐｅｎＡＩの導入は技術的な親和性が高く、進めやすかった形です。また、社内での導入ではＤＩＰの組織が経営陣や各部署との接続を担っているため、特に大きな問題や障壁はなく、スムーズに進めることができました。

――技術的にはスムーズだったという点は心強いですね。では最後に、御社における生成ＡＩ活用の今後の展望を教えてください。

國吉　今後の展望としては、特に次世代コンタクトセンターやＷｅｂサイト関連のプロジェクトに注力していく予定です。これらのプロジェクトは現在ＰｏＣ（Proof of Concept）を進行中で、年度内には具体的な成果を出し、事業へのインパクトを明確にしていく予定です。

さらに、教育や介護といった領域においても、サービスと生成ＡＩを組み合わせた新しい取り組みを計画しています。これらの領域は、社会において非常にサービス進化の期待が高いと考えており、生成ＡＩの力を活用して、より良いサービスを生み出していきたいと考えています。ただ、生成ＡＩの導入や活用にはまだ不確実性やリスクも伴います。特に、どこまでが安心して利用できる範囲なのか、その境界が明確でない部分もあるので、サービスの実際の導入に関しては、非常に慎重に進めていく姿勢も持ちながらチャレンジしていきたいと思っています。ＡＩは人の力を高めてくれる可能性がある技術。よいサービスを生み出して、日本から世界へ届けていけるといいなと思っています。

9-4

ディップ：250名のアンバサダーで生成AI活用を推進

お話をうかがった方

ディップ株式会社　CIO　**鈴木孝知さん**

1998年、日本電信電話株式会社に入社。その後、株式会社日経BPや株式会社リクルートを経て、2014年に株式会社マガシークにて執行役員、dfashion本部長を務め、2019年からは株式会社出前館へ。同社取締役兼執行役員、プロダクト本部長として活躍したのち、ディップ株式会社CIOに。現在は生成AI活用プロジェクトを推進する。

――日本最大級の求人情報サイト「バイトル」などを運営されているディップでは、生成AIをどのように活用されているか、まずはその取り組みを教えてください。

鈴木　ディップでは、「現場主導」「スピード」「全社横断」をコンセプトにした組織「dip AI Force」を立ち上げ、全社で生成AI活用を進めており、直近では約60％以上の従業員が生成AIを利用しています。目指すのは〝考えること〟を徹底的にAIへ委ね、従業員が頭を悩ませる時間を大幅に削減することです。活用に向けた取り組みとしては、大きく分けて以下の3つがあります。

ひとつは、AIを活用した事業推進です。「バイトル」のような求人情報サイトは、生成AIの登場により「大量の求人情報から検索する・選ぶ」時代から「対話しながら最適な仕事に出会える」時代に変化していくと考えています。対話によって一人ひとりの潜在的ニーズを把握し、最適なマッチングを実現できるような事業展開を目指し、東京大学松尾豊研究室の成果活用型企業である株式会社松尾研究所と連携した共同研究を実施しています。

ふたつめは、全従業員が生成AIを活用できるような環境作り。多機能ドキュメントツール「Notion」のデータベース機能を活用した当社独自のAIポータルページを作成し、200以上のChatGPTのプロンプトデータベースを公開し、テンプレートを活用できる環境を構築しています。GPT-4に対応したSlack-botも立ち上げ、全社員がオープンなスペースで生成AIを活用できるよう促進を図っています。現場の社員が目的にあったプロンプトを検索し、すぐに使える環境を構築することで、生成AIの活用率は一時8割を超える結果になりました。

最後は、部署ごとの生成ＡＩ活用の推進です。社内ＦＡＱのＡＩ化、コード生成／コードレビューの自動化、議事録作成の自動化など、部署特有の業務に適応した開発が必要なケースが増えてきています。そのような特定の業務に関する6つのプロジェクトが進行しており、それぞれで利便性の高いシステムの開発を進めています。

――生成ＡＩの導入は、どのようなステップで進めましたか？

鈴木　真っ先に取り組んだのは、ＣｈａｔＧＰＴなどの生成ＡＩツールを活用する費用を補助する仕組みの整備です。全従業員が生成ＡＩツールの利用費用を経費精算できる制度を整えることで、まずはトライできる環境は作れたと思います。そのなかで、「ｄｉｐＡＩ Ｆｏｒｃｅ」の組織作りを同時並行で進めながら、ガイドラインの策定やプロンプトデータベースの整備などに取り組みました。なによりも取り組みを始めることが重要で、使ってもらうことで多くの従業員に生成ＡＩの可能性を実感してもらい、社内の活用推進もスムーズに行えたと感じています。

――組織作りの面で工夫したことはありますか？

鈴木　「ｄｉｐ　ＡＩ　Ｆｏｒｃｅ」を迅速に設置し、役員がコミットすることはもちろん、全国の組織から生成ＡＩの推進に興味があるメンバーが集まり、各部署の課題感や現状を共有できる仕組みにした点です。

また、ディップでは新しい取り組みを行う場合、全社のあらゆる部署にアンバサダーを設置して推進する文化があります。生成ＡＩ活用においては、当社史上最大の約２５０名のアンバサダーを全国に配置し、各部署の生成ＡＩ活用を推進したり、現場の質問に答えたりする役割を担っています。

――生成AI活用では現場との乖離が生まれてしまい、結局活用が進まないという話もよく聞きますが、その点はどうでしたか。

鈴木　ディップでは、社員各自が生成ＡＩのプロンプトを作っているので、それらを収集し、そのなかから社内有識者の審査を経た２００種類以上の「使える」プロンプトを、プロンプトデータベースで社内に公開しています。大切なのは、公開するだけでなく、実際にそれを業務に活用してもらうこと。当初、プロンプトデータベースは、部署ごとにプロンプトがリストアップされていました。しかし、実際の業務現場の声をしっかりと取り入れるために、徹底的なヒアリングを行ったところ、例えば電話でのアポイントメント取得など、具体的な業務フローに合わせてプロンプトを分類するという要望が多く寄せられました。これに応え、業務フローに即した形でプロンプトを整理・再構築したんです。

また、社内では「どのようにして即座の成果を出すか」「生産性をどう向上させるか」というテーマで頻繁に議論が交わされています。特に、明日からの業務にどう取り入れるか、という即効性を重視した議論が行われていますね。

――経営陣がスピード感を持って、生成ＡＩ活用に取り組めるのはなぜでしょうか。

鈴木　一言、企業文化ですね。求人情報が紙媒体中心だった創業当時、当社はインターネット経由で求人情報を見られる事業を作り出し、成長してきました。紙媒体からインターネット媒体への切り替えに適応できたからこそ、事業を大きく成長させられたのです。これから、生成ＡＩの発展により、さらに「当たり前」が塗り替えられていくと予想されるなか、転換期の紙媒体のように、取り残されてしまうリスクを感じています。だからこそ、新しい技術を適切に評価し、当たり前がどのように変わっていくのかを考え、業界に先駆けた取り組みを強化しているのです。

―鈴木さんは、多くの企業のＩＴ部門で社内システムに携わってきました。社内システムはどのように変化していくと思いますか。

鈴木　ディップでは、ＰＣやソフトウエア、社内ネットワークなどの社内ＩＴの管理や、セキュリティ対策・情報漏洩防止にＡＩを積極的に取り入れています。生成ＡＩだけでなく、様々なＡＩ技術を活用して、これまで人が手動で行っていたアラートの監視や対処をＡＩに委ねているんです。

インターネットができてからの約30年、企業は社内システム、社内ネットワークといった『壁』を作ることで、企業の情報財産や社員を守ってきました。それは一方で、社員に不自由を強いることにもなっています。私の願いは、システムやセキュリティの運用管理をＡＩが行うことで、社内ＩＴを家での電話やＬＩＮＥ、ネットサーフィンと同じ感覚で自由に、しかも安全に利用できる時代が来ることです。実現したい形は、ＡＩが適切にセキュリティ対策を行い、怪しいアクセスをブロックしたり、社員が問題のある操作を行った場合に、適切な教育を自動的に提供したりすること。このようにＡＩが防御、活用、教育の３つの役割を果たすことで、社員は安心して、より快適に社内ＩＴを利用できるようになると考えています。

そして、この進化により、従来のＩＴ部門が担っていた役割が変わってくるでしょう。私は、より質の高いＩＴサービスを、より少ない人員で提供できるようになると感じています。これにより、データの活用やセキュリティの問題など、これまでの悩みが減少していくと思います。結論として、ディフェンス面の課題は、このようなＡＩの活用によって、次第に解消されていくと私は前向きにとらえています。

――生成ＡＩ活用においては、特に情報漏洩などのリスクが危険視されることも多いですが、どのように対応していますか？

鈴木　特に注意しているのは、機密情報や個人情報をＡＩに渡さないこと、そしてＡＩが出力する情報をそのまま信じず、適切な判断を下すことです。実際に、ＣｈａｔＧＰＴの回答をそのままプレゼンテーション資料に取り入れる人が生まれてしまう可能性は完全に否定できませんが、それは決して推奨される方法ではありません。

ＡＩは必ずしも１００％正確な答えを出すわけではないので、その点を理解し、適切に活用する必要があります。だからこそ、まずはガイドラインの整備に真っ先に取り組み、全社に向けて公開しました。また、社内向けの勉強会を複数回実施し、１０００名近い従業員が参加しています。これにあわせて、ＡＩを特定の領域に特化させて教育することで、誤った情報の出力を減少させる取り組みも進めています。しかし、完璧な方法はまだ見つかっていないので、適切な運用と教育でカバーしていくことが必要だと考えています。

9-5

SHIFT AI：活用事例をコミュニティで共有

お話をうかがった方

株式会社SHIFT AI　代表取締役

木内翔太さん

大学時代からフリーランスのWEB・AIエンジニアとして3年ほど活動。2015年に日本初のマンツーマン専門のプログラミングスクール「SAMURAI ENGINEER」を創業し、累計4万人にIT教育を行なった。2022年3月に株式会社10Xを設立し、「日本をAI先進国に」を掲げ、AIのビジネス活用を学べるメディア・コミュニティ「SHIFT AI」を運営。生成AI活用普及協会の理事やGMO AI＆Web3株式会社のAI活用顧問も務める。

――まずは、生成AIの導入状況について、現状はどんな課題があると感じていますか？

木内　コミュニティの会員との対話を通じて、特に感じられるのは、日本の企業が新技術の導入において他国に比べて遅れを取っているという事実です。この遅れの一因として、実際のビジネスシーンでの成功事例やノウハウの共有が進んでいないこと、そして活用事例自体の少なさが挙げられます。

技術そのものの認知度が高まっているのは確かで、新しいツールや技術情報はSNSなどを通じて瞬時に拡散される一方、具体的な導入手法や成功事例に関する情報は、意外と伝わりにくい状況が続いています。この情報の非対称性が企業の技術導入の遅れを招いていると感じています。

こうした情報の不足と非対称性は悪循環を生んでいます。活用事例が伝わってこないため、他の企業が新技術を利用しにくく、結果的に新たな事例が生まれにくくなってしまっています。

さらに、この遅れには、日本特有の企業文化が影響している可能性も考えられます。日本の企業は伝統的に新しい取り組みに対して慎重な姿勢を取る傾向にあり、失敗を恐れる風潮が根付いています。このため、他国では成功している新技術であっても、日本の企業では導入に躊躇するといったケースも多いんです。

このような状況の解決策として、企業はまず、情報の非対称性を解消するための取り組みを進める必要があります。具体的には、他企業の成功事例やノウハウを共有するコミュニティやメディアが発展することや、技術導入に関連するセミナーやワークショップが積極的に開催されることなどが考えられます。

――SHIFT AIが取り組むのはまさにそうした領域ということですね。では、生成AIのインパクトについて、業界や業務における具体的な事例を教えてください。

木内　生成AIの技術進化は、多くの業務を変革しています。例えば、広告業界などはその影響が顕著に現れています。大手インターネット広告会社のサイバーエージェントで、かつて30～40人のディレクターが担当していた広告クリエイティブの品質判断業務が、生成AIの導入によって完全に省力化され、ディレクター職がゼロになったという事例が話題になりました。また、電通、博報堂といった大手広告代理店でも、コピーライティングやデザインの作成をAIが自動で生成する取り組みが進行中です。

さらに、GAFA（Google、Apple、Facebook、Amazon）やIBMなどの世界

的なＩＴ企業でも、生成ＡＩをカスタマーサポートや内部業務の効率化に積極的に活用しています。ＩＢＭのＣＥＯは、バックオフィスの従業員の約30％が、今後5年間でＡＩによって置き換えられる可能性があると発表し、それに伴って該当部署の新規採用を停止する方針を打ち出しました。

これらの事例からも、生成ＡＩの進化は、今後のビジネスシーンにおいて大きな変革をもたらす要因となると考えられます。特に、マネージャー職以下のビジネス領域において、一部業務はすでにＡＩに置き換えられつつある状況です。生成ＡＩの技術進化によって、これからも多くの企業が業務の効率化やコスト削減を図り、ビジネスモデルの変革に取り組むことが予想されます。

ただし、ＡＩの導入による労働市場への影響や、プライバシーの保護、データセキュリティなどの課題も考慮する必要があります。また、ＡＩ技術が進化することで、人間が担当していた業務がなくなることから、リスキリングやアップスキリングの必要性も高まっています。企業は、従業員のスキルアップを支援し、新しい技術やツールの導入に適応できる組織風土を育む取り組みを進めることが求められます。

――なるほど。そうしたなかでSHIFT AIとしては、具体的にどのようなことをしているのでしょうか？

木内　ＳＨＩＦＴ ＡＩは、企業や個人が生成ＡＩを効果的に活用するために国内最大級のコミュニティを運営しています。特に重視しているのは、生成ＡＩの活用事例がまだ十分に普及していないという課題の解決です。そのため、活用事例の可視化に力を入れています。具体的には、企業が生成ＡＩを導入する際の成功事例を集め、それを他の企業や関係者と共有するプラットフォームを開発したり、事例集を作成・配布したりといった取り組みを行っています。そのほか、生成ＡＩの専門家による講演や、テーマ別のＡＩケーススタディ講義、パネルディスカッションや交流イベントの実施、プロンプトのデータベースの公開など、多角的な活動を行っています。

また、ＳＨＩＦＴ ＡＩはメディア事業も展開しており、生成ＡＩの活用事例やノウハウを一般にも広める活動に取り組んでいます。WEBサイトやSNS、雑誌、セミナーなど多岐にわたるメディアを活用し、最新の生成AI技術の動向や活用事例、導入のメリットやポイントなどを広く伝えています。

さらに、教育事業として、AI人材を育成するための教材を開発し、セミナーやワークショップも提供しています。つまり、企業の経営層のAIリテラシーを向上させると同時に、従業員層には生成AI技術を効果的に活用するための知識やスキルを提供しているんです。

SHIFT AIは、これらの取り組みを通じて、生成AIの活用事例が広がり、企業のAI導入のハードルを下げ、日本の産業界全体の競争力を高めることを目指しています。

――素晴らしいですね。では、SHIFT AIのコミュニティにはどのような人が参加しているのでしょうか？

木内　SHIFT AIは、多くの企業や専門家に支持されています。メンバーの8割近くはすでに生成ＡＩを利用した経験を持つ人材です。このため、実際の活用事例が次々と集まってきており、それらの事例を共有して議論するため、定期的にゲストを招いて大規模なカンファレンスイベントやオフ会を実施しています。これらのイベントでは、ＡＩ業界の最新動向や将来の展望など、業界の最先端情報が共有されています。また、コミュニティ内で、活用支援を必要とする企業と、既に取り組みを進めているユーザー企業を繋げる取り組みも行っています。

我々としてはこれらの取り組みを通じて、生成ＡＩの活用を加速させ、日本の産業界全体の競争力を高めることを目指しています。

――知見を高めあっているんですね。それでは実際に企業が生成ＡＩを導入するとしたら、どのようなアプローチが効果的だと感じますか？

木内　導入には、ボトムアップとトップダウンのふたつのアプローチが考えられます。

ボトムアップのアプローチでは、現場の実務者がＡＩの利点を感じ取り、自らの意志で取り組むケースが多く見られます。実際の業務改善を目的として、個々の従業員やチームが自発的に活用を進めていくのが特徴です。これには、現場の意見やニーズが反映されやすく、現場からの提案であるため、導入のモチベーションが高まり、実務者の受け入れやすさが向上する利点があります。

一方、トップダウンのアプローチとしては、経営層が主導し、全社的な戦略として導入を進めるケースが多いです。このアプローチでは、企業全体のビジョンや戦略に基づき、経営層が導入の必要性を判断し、必要なリソースや体制を整え、導入を進めていきます。これは、企業全体の戦略と連動させて進められるため、全社的な効果が期待できる利点があります。

どちらのアプローチも、企業の文化や組織の特性、現状の業務フローに合わせて適切に選択する必要があります。例えば、従業員が自主性を重視し、自発的に取り組む企業文化であれば、ボトムアップのアプローチが適しているかもしれません。一方、全社的な戦略変更や大規模な投資が必要な場合、トップダウンのアプローチが必要になるでしょう。

企業の特性やニーズに応じて、ボトムアップまたはトップダウンのアプローチを選択し、導入を進めることが大切です。また、両アプローチを組み合わせたハイブリッドアプローチを取ることもあります。これにより、企業ごとの状況に適した導入方法を提供し、生成ＡＩの効果的な活用が実現できるでしょう。

――最後に、企業が生成ＡＩを成功させるためのポイントや実現へのステップなどがあれば教えてください。

木内　やはり、自社のニーズに最も適した活用事例を探ることが重要です。そのためには、コンサルタントを活用することや、インターネット上の情報源など多くの情報が集約される場所を利用することを検討してほしいですね。また、自社内での人材育成を進める必要もあります。導入だけでなく、継続的に生成ＡＩを活用するためには、社内のＡＩリテラシー、つまりＡＩに関連する知識や技能の向上が不可欠です。

そして、最も大切なのは、小さなプロジェクトから始めて、段階的に導入を進めることです。生成ＡＩは、大規模な開発を行わなくても、大きな成果を上げることができるという特徴を持っています。そのため、最初は現場レベルでプロトタイプを作成し、そのインパクトを計測し、徐々にプロジェクトの規模を拡大していくやり方がおすすめです。このアプローチであれば、失敗のリスクを最小限に抑えながら、実際の業務における効果を確認し、最適な導入方法を見つけることができます。

9-6

株式会社ＡＢＥＪＡ：特化モデルでブレークスルーを目指す

お話をうかがった方

株式会社ＡＢＥＪＡ　代表取締役ＣＥＯ　**岡田陽介さん**

１９８８年生まれ。愛知県名古屋市出身。10歳からプログラミングをスタート。高校からコンピュータグラフィックス（ＣＧ）を専攻し、文部科学大臣賞を受賞。ＣＧ関連の国際会議発表多数。その後、ＩＴベンチャー企業を経て、２０１２年９月、株式会社ＡＢＥＪＡを起業。２０１７年、一般社団法人日本ディープラーニング協会（ＪＤＬＡ）理事。ＡＩ・データ契約ガイドライン検討会、カメラ画像利活用ＳＷＧ、ＩｏＴ新時代の未来づくり検討委員会産業・地域づくりＷＧ、ＡＩ社会実装推進委員会など経済産業省・総務省・ＩＰＡ主導の政府有識者委員会にて委員を歴任。２０２１年より、那須塩原市ＤＸフェローに就任。ＪＤＬＡにて、ＡＩデータと個人情報保護研究会座長を務める。

――ＡＢＥＪＡは２０２２年に１３０億パラメータサイズの大規模言語モデルを研究開発しています。いつごろから大規模言語モデルに注目していたのでしょうか。

岡田　我々は２０１８年から大規模言語モデルに関する研究開発を進めています。ＡＢＥＪＡはＮＶＩＤＩＡやＧｏｏｇｌｅといった大手企業と資本連携しており、優れた環境のもとで研究開発を進めることができています。130億のパラメータを持つ大規模言語モデルの学習済みモデルの研究開発は、こうした流れのなかで実現してきました。研究開発はもちろん困難もありますが、順調に進んでおり、予想以上の成果を上げられていますね。

こうした大規模なモデルに取り組み始めたのは、GoogleによるBERTの登場がきっかけです。BERTの学習方法が高い精度を実現し、ここまで上手くいくのかと衝撃を覚え、その可能性を感じるようになりました。このタイミングで私たちはGoogleから出資を受けたことも、とてもタイミングが良かったと感じています。

当時は、単なる自然言語処理というよりも、基盤モデルとしての概念に重点を置いていましたね。実際、自然言語処理の結果に関しては、特に日本語では実用可能な精度ではないと感じていました。用途に合わせてチューニングする必要性が高くて非効率的だと感じていたこともあり、事業としてのイノベーションのジレンマを超えるイメージはまだまだ先の想定でした。

――なるほど。創業以来、一貫してAI関連事業に携わっているABEJAですが、現在の生成ＡＩのブームについてはどうとらえていますか？

岡田　ＯｐｅｎＡＩによってＧＰＴ－３・５、ＧＰＴ－４がリリースされ、技術的なブレイクスルーを迎えていると感じています。しかし、ディープラーニングが台頭した当時と同じように、過度な期待をされてしまい、実用に至らず、結局使いものにならないとなってしまうことを危惧しています。今、企業は生成ＡＩ関連の予算がついたり、経営層の特命が降りてきたりしていると思うのですが、目的が曖昧なままでプロジェクトが立ち上がり、目に見える成果につながらず、予算が消えてしまうといったケースも少なくないでしょう。だからこそ、導入を考える企業は、トレンドに左右されずに地道にテクノロジーをどのように活用していくかを考えることが重要だと思っています。

――生成ＡＩの誕生により、技術の適用領域が大幅に広がっていると感じますが、いかがですか？

岡田　技術的な領域が拡大しているので、当然活用領域も拡大すると考えています。２０１６～２０１８年に起きたディープラーニングバブル時代のＡＩの活用領域が１だったとしたら、生成ＡＩの登場によりそれが10に増加したというイメージです。でもこれは、全体的な適応領域が1万としたら、という程度のこと。現在の生成ＡＩが適用しきれていない残りの領域をカバーしていくには、ロボティクスとの連携やパラメータサイズの減少など、技術的なブレイクスルーがさらに必要だと感じています。

さらに、ＤＸへの注目度も依然として高いなか、そもそもデジタルデータが少なかったり、デジタルツールの活用が隅々まで浸透していなかったりする現実を鑑みると、生成ＡＩの導入には様々な課題がまだ存在すると感じています。こうした状況を打開するには、ＲＯＩを見ながら、実用的な活用法やビジネスモデルを構築できる専門家が必要になるでしょうね。

私が特に重要だと思うのが、独占的に利益を上げることができる新たなビジネスモデルの出現です。こうしたビジネスモデルが確立すれば、その利益を次世代のイノベーションに投資することが可能となるでしょうし、時代を象徴する存在としてブームの火付け役になります。これまでの事例を見るに、このようなイノベーションは大企業から生まれるのではなく、特定の専門家や研究者、起業家が注目を浴びる形で現れ、その後、大企業が関与することで拡大していくパターンが多いと感じています。

ただし、そうしたビジネスモデルが確立するまでは、適用領域や活用、ROIなどを踏まえた適切な戦略設計や、大手企業の関与の仕方など、難しいポイントが多いと思っています。

――ABEJAはどのようなアプローチで解決しようとしているのでしょうか。

岡田　ABEJAでは、ABEJA Platformというプラットフォームを展開しているのですが、2023年3月にこの中にABEJA LLM Seriesを搭載しました。先に触れた最大130億パラメータの日本語に特化した独自モデルに、個別に特化したデータを与えることで、専門的な回答を実現するインデックスも可能になっています。

大規模言語モデルの発展において、パラメータ数の増加ポイントは限界を迎えていると感じています。一説には、OpenAIが計算リソースのために1日に1億円をかけているという話もあり、年間で360億もかかっていることを考えると、経営的な観点からは大きな課題があると言えるでしょう。

つまり、生成ＡＩは技術的なブレイクスルーは迎えたものの、経済的、ビジネス的なブレイクスルーはまだなんです。重要なのは、パラメータ数をどれだけ削減しつつ、特定の領域に適用するか。だからこそ私たちは、130億のパラメータでも十分な性能を持つモデルを提供することを目指し、ＡＢＥＪＡ ＬＬＭ Ｓｅｒｉｅｓの提供を開始しました。

日本企業は、情報取り扱いの懸念や、制度上の問題、適切な発言に関する懸念など、多くの課題を抱えています。我々は、これらの課題に対応しなくてはなりません。そのうえで、社内のデータとの接続、セキュリティの担保や学習済みモデルの利用など、一貫したサービスを提供しています。ナレッジ検索、チャットボット、書面の自動生成といった汎用的な機能もありつつ、データの収集や加工、インデックス作成、プライバシーに関するフィルターなどの機能も備えています。ＡＩ時代におけるＳＡＰやＳａｌｅｓｆｏｒｃｅのようなオールインワンな仕組みを提供しているイメージです。

―生成ＡＩのなかでも特に大規模言語モデルはプロンプトを工夫することで汎用的な活用が可能になっています。それでも独自のデータでチューニングする必要性はあるのでしょうか。

岡田　ＣｈａｔＧＰＴなどの大規模なモデルは、プロンプトを工夫することでチューニングが簡単にできますが、業界に特化した活用を検討するのであれば、限界があると感じています。だからこそ、モデル自体を再構成し、用途にあったデータをどんどん学習させていかないと、狙いどおりの精度は実現しないのではないかと思います。

―正しく技術を評価して、いざとなればモデル自体をアップデートする必要性もあるんですね。これから企業が生成ＡＩを活用するために、どうすればいいでしょうか？

岡田　正確な知識を持つことは重要ですが、企業の目的や事業活動の背景について深く理解することも必要です。大きな投資をしても、その意義や収益性が不明確である場合、高いコストがかかるため多くの企業が躊躇することでしょう。また、投資した結果が実用化されない場合、社員のモチベーションも低下する恐れがあります。

テクノロジー戦略と事業戦略は密接に関連しており、これはAIや最新の技術に限った話ではなく、古くからの課題です。特に、技術革新と経営戦略の関連性を考えると、イノベーションのジレンマという概念が浮かび上がってきます。技術やサービスがある一定のレベルに到達するまでは期待外れに感じるかもしれませんが、一度ブレイクスルーが起こると急激にその価値が認識されることがあります。しかし、そのタイミングを予測するのは非常に難しい。

経営者としては、このような不確実性のなかでどのように戦略を組み立てていくかが重要です。そして、この課題に取り組まないのであれば、経営者としての役割を果たしているとは言えないでしょう。

―戦略の重要性を多くの企業が理解し、事業戦略とテクノロジー戦略を組み合わせるのが大切なんですね。生成AIを活用する現場視点ではいかがでしょうか。

岡田　結局は、BPR（ビジネス・プロセス・リエンジニアリング：業務の目的に向かって既存の組織や制度を抜本的に見直し、プロセスをデザインし直すこと）をきちんと行いましょうということだと思います。基本に戻るのですが、生成ＡＩなどの技術を導入しようとすると、既存業務プロセスに無理やり組み込もうとしがちです。しかし、実際には基本的に業務プロセスをデザインし直さなくては、導入することは難しい。既存業務に真摯に向き合うことが大切だと感じますね。

例えば、ＯＣＲを10年間契約している企業があるとします。これって紙媒体を10年間使い続けるということですよね。前提のプロセスを見て、全部デジタル化すれば、そもそもＯＣＲを使う必要もないかもしれません。技術をどのように使い、ビジネスをしていくのかを今一度考え直さないと厳しいと思います。

―― これから生成ＡＩはどのように発展していくと予想していますか？

岡田　現在のＡＩはアナログな情報を学習できません。言い換えれば形式知は理解できても、暗黙知には適用できないんです。今後のＡＩ研究やテクノロジーの進化のなかで、この暗黙知の部分をどう取り込むか、また、それをどう実現技術として展開していくのかは非常に興味深いテーマだと思います。

特に、ロボットや身体性を持ったエージェントとの接続は、得られるデータを大きく増加させるため、暗黙知を学習するうえで非常に重要な要素として取り扱われるでしょう。身体を持っていることで得られる経験や知識、それをもとにした行動の取り方など、これらは純粋な言語モデルだけでは学習や理解が難しい部分です。

実際の世界の動きや人の行動、そしてその背後にある思考や価値観を理解することは、ＡＩがより人間らしく、人間と協働する新しいステージに進むためのキーとなるでしょう。そのためには形式知だけでなく、暗黙知の獲得や利用方法も研究の対象として必要不可欠です。

このような観点から、ＡＩやロボット技術の進展は、単に計算能力やアルゴリズムの進化だけでなく、人間の知識や経験の取り込み方、そしてそれを活用する方法論の革新も求められる時代に突入していると感じます。これからのテクノロジーの発展が非常に楽しみであり、私たちの生活やビジネス、そして社会全体にも大きな影響を与えることでしょう。

9-7

STORIA法律事務所：AIを取り巻く法的環境とは

お話をうかがった方

弁護士（STORIA法律事務所） **柿沼太一**さん

専門分野はスタートアップ法務及びデータ・AI法務。現在、様々なジャンル（医療・製造業・プラットフォーム型等）のAIスタートアップを、顧問弁護士として多数サポートしている。経済産業省「AI・データ契約ガイドライン」検討会検討委員（〜2018・3）。日本ディープラーニング協会（JDLA）理事（2023・7〜）。「第2回IP BASE AWARD」知財専門家部門グランプリを受賞（2021）。

――企業の生成AI導入には法的にどのような検討が必要なのかをうかがいたいと思います。その前にまず生成AIの登場で、AIを取り巻く環境はどう変化したのでしょう？

柿沼　ChatGPTなどの技術の普及に伴い、一般の企業でも生成AI導入のニーズが高まってきました。その結果、当事務所でも生成AI導入に関する相談は急速に増加しています。私が弁護士としてAIを扱い始めたのは2017年頃からですが、当時は、主にAIを

「開発する」企業側からの相談が中心でした。しかし、生成ＡＩの登場以降は、ユーザー側からの相談が増えています。特に、生成ＡＩをどのように利用するかというガイドラインの作成や、その導入に伴う組織体制・システム構築に関する相談が多くなっていますね。企業は生成ＡＩの導入に際して、その利用方法やリスク管理に関する課題に悩んでいるようです。

現在の生成ＡＩは誰でも容易に利用できる状態。多くの企業は自社のデータを活用して生成ＡＩの精度を向上させたいと考えていますが、現段階では「まずは生成ＡＩを社内業務に少しずつ使ってみよう」というフェーズにあります。そのなかで、どのようにして安全に利用するか、という点が主な懸念となっており、そのための相談が増えています。

――すでに企業内での活用を前提とした相談が増加しているんですね。現在はガイドラインが求められているということですが、その一方で、法律的な部分ではどのような動きが見られるのでしょうか？

柿沼　生成ＡＩに関する規制や法的な側面について、日本では、現状生成ＡＩ自体を対象として規制するような動きは見られないように思います。実際、生成ＡＩに関する法的な環境は現状では比較的寛容であり、例えば、著作権法においても特別な規定を用意して、ＡＩの開発や利用を促進しています。

また、日本ではＡＩに対する社会的なイメージも、概して悪くないと感じています。危機感や警戒感よりも、新しい技術としてのチャンスや機会を見る視点が強いですね。ＥＵなどでは、厳格な個人データ保護を前提とし、ＡＩに対する法規制についても積極的に取り組んでいますが、日本では直ちにそのような方向には行かないのではないでしょうか。

もちろん、特定の領域や業界においては、法律の改正や新たな規制を求める声も存在しますが、全体としては「すでに存在する関連法の解釈を通じて、現行の法的枠組みの中でどう対応していくか」という視点が強まっていると感じています。

――なるほど。一般的にイメージされているより法は寛容なんですね。他に生成ＡＩを導入するうえでの注意点を教えてください。

柿沼　生成ＡＩを安全に利用するには、ふたつの視点が必要です。まず、ひとつは企業内での生成ＡＩのルール作りです。具体的にはマニュアルやガイドラインの作成ということになりますが、生成ＡＩの強みと弱みを正確に理解し、適切に活用するための指針を示してあげる必要があります。ふたつめは、どのような生成ＡＩサービスを利用するのか、です。多くの企業は、マニュアルやガイドラインの作成の重要性を認識していますが、どのような生成ＡＩサービスを利用するのかという、いわばシステム面の検討が不十分であることも多いです。例えば、いくら精緻なマニュアルを作っても、社員が個人的に無料版のＡＩを業務で使用していたのではリスク管理として十分とは言えないでしょう。信頼性の高い生成ＡＩサービスを利用し、自社のシステム的にも監視やモニタリングができる状態を作ることが非常に重要です。

生成ＡＩサービス選定の際の考慮点としては、入力した情報が学習に使われるか否かという点、入力した情報がしっかりとセキュアに管理されているかという点、サーバーのリージョン（地域：法律の適用範囲が変わる可能性があるため）はどこになっているかという点、そしてシステムに組み込まれているフィルターの有無などが挙げられます。

知的財産権周りではどのような配慮が必要でしょうか。

柿沼　知的財産権に関して、生成ＡＩの利用においてはいくつかの注意点が挙げられます。日本の現状として、ＡＩを作成する際の知的財産権の取り扱いは比較的緩やかです。一方、ＡＩを利用する場合の法的にセーフティな基準はまだ明確ではありません。

意図的に他者の知的財産を模倣するために生成ＡＩを利用するのはもちろん問題ですが、知らない間に誰かの権利を侵害してしまうケースもリスクとして考えられます。例えば、画像生成の場合、生成物が学習に利用されたデータと似てしまう可能性があります。このようなリスクを避けるためには、使用するＡＩツールの選定が重要になります。

文章生成の場合、画像生成ＡＩと比較すると知的財産権の侵害リスクは低くなるのではないかと考えています。理由はいくつかあるのですが、技術的な仕組みが画像生成ＡＩと異なること、また、画像と比較すると文章の類似性の判断が困難であること、文章が著作物として保護される範囲が「表現」に限定されており、「アイデア」「事実」「知見」が含まれていないことなどが挙げられます。

とはいえ、生成ＡＩを安全に利用するためには工夫が求められます。具体的には、不適切なモデル（特定のキャラクターや特定の作品のみで学習されたモデルなど）を使用しない、特定のプロンプトを避けるなどの対策が考えられます。最終的には、生成されたコンテンツを適切にチェックし、例えば検索を行うなどして、知的財産権の侵害がないかを確認することが重要です。

ただ私は、生成ＡＩの知的財産権周りの考え方については、過度な反応や過剰な懸念もあると感じています。生成ＡＩを利用した制作と、ライターやクリエイターに制作を委託するケースは、実は大差ありません。知財視点では、両者ともに同じようなリスクが存在するわけです。

――なるほど。では、生成ＡＩを利用する際のガイドラインを作成するうえで、注意点があれば教えてください。

柿沼　ガイドラインを作成する際には、リスクだけを中心にしたものではなく、実際の利用をサポートする内容にすることが重要です。具体的には、生成ＡＩをどのようなシーンで活用するのか、その例示を取り入れることで、ユーザーがＡＩをより使いやすく感じるようなガイドラインになると考えています。そのためには、ＡＩのマイナスの要素だけでなく、プラスの側面もしっかりと取り上げることが大切だと思います

ＪＤＬＡ（日本ディープラーニング協会）のガイドラインはひな型として利用できますか。

柿沼　ＪＤＬＡのガイドラインは、データ入力における注意事項から生成物を利用するうえでの注意事項まで、生成ＡＩの利用に関する多くの要点を網羅していると感じています。しかし、実務的には、各企業や組織が持つ独自性を反映して、さらに具体的なガイドラインを作成することが重要です。

このとき注意すべきは、ＡＩの利用目的や業種によって異なる配慮が必要になる点です。例えば、エンターテインメントやクリエイティブな分野では、生成物が他者の著作権を侵害する

かどうかは非常に重要な問題となります。一方、企業内部でのＣｈａｔＧＰＴのようなツール利用の場合、著作権はそこまで重要な問題とならない可能性もあります。事業の領域や利用するツールによって、必要な配慮やバランスが変わってくるのは自然なことだと思います。

さらに、自治体や教育機関のような特定の組織では、異なる視点での考慮が求められます。特に、教育分野では、単に生成ＡＩの利用を禁止するのではなく、教育を受ける人の成長につながる生成ＡＩの活用方法についての指針が必要だと思います。

また、自治体においては、多くの機微な情報を扱うため、特有の配慮が必要となります。さらに行政の意思決定に生成ＡＩをどの程度活用すべきかは、広範な議論が必要となるでしょう。

――ここまで、ＡＩとデータを取り巻く現在の法的な環境を解説していただきましたが、これから生成ＡＩの技術が進化していくに伴って法律関係はどのように変化していくか、その展望を教えていただけますか？

柿沼　技術の進化は日進月歩で、数年のうちに新しい技術が登場し、モデルのオープンソース化が進むことは予想されます。モデルを各企業が内部で保有するような状況になった場合、個人情報や機密情報を生成ＡＩに入力する行為は、企業内で適切に処理されている限り、大きな問題とはならなくなるでしょう。

また、生成ＡＩに関する法的な規制の観点から見ると、日本は比較的適切なバランスを保っていると私は感じています。法規制に関しては、技術を「作る側」と「使う側」のふたつの側面から考える必要があります。現状、これらの議論が混在している印象を受けますが、私の考えとしては、技術の発展という検知からは「作る側」の規制については厳格な規制は馴染まないように思います。一方で、「使う側」に関しては、既存の法的枠組みの中で適切に活用していく必要があります。新技術に対して先走って厳格な法規制を設けることは、技術の発展やイノベーションを妨げる可能性があるため、私はそのようなアプローチには賛成できません。

――規制するだけではだめなんですね。

柿沼　私は弁護士としての立場から、多くの技術やサービスに関連するリスクを指摘します。しかし、新しい技術やサービスを完全に避けるのではなく、そのリスクを理解しながらも最大限に活用することが重要だと考えています。生成ＡＩのような新しい技術は、まず使ってみることで、その真価や利点が明確になり、同時に潜在的なリスクも明らかになります。そして、それらのリスクを理解し、適切な対策を講じることで、より安全かつ効果的に技術を活用する方法が見えてくるのです。

現在のビジネス環境では、技術の動向が非常に速く、企業間での競争も激化しています。このような状況下で、新しい技術を迅速に取り入れ、適切に活用できる企業と、それができない企業との間には、明確な差が生まれてくると予想されます。ただし、技術の活用だけを追求するのではなく、そのリスクを適切に管理しながら活用することが、真の競争力を持つ企業の特徴となるでしょう。技術の利点とリスクをバランスよくとらえ、両方をサポートするような企業が、今後のビジネスの主役となると考えています。

9-8

生成ＡＩ活用普及協会：「ＡＩの社会実装」への環境整備

お話をうかがった方

生成ＡＩ活用普及協会（ＧＵＧＡ）理事
花島晋平さん

２０１４年からｗｅｂ３・０やＸＲなどテック企業を中心に20以上の企画に対して投資・事業参画する。ニューヨークの映像テック企業ＮＹＳＥ上場に投資関与したことをきっかけに、２０２１年に開発会社・会計事務所など経営するサービスを一括化し、企画開発・システム開発・資本政策・上場までワンストップで実現する投資会社「ＢＭ Ｉｎｖｅｓｔｍｅｎｔ株式会社」を設立。２０２３年、生成ＡＩの台頭を受けて生成ＡＩ活用普及協会を企画・スタートする。

――生成ＡＩ活用普及協会（ＧＵＧＡ）のミッションを教えてください。

花島　ＧＵＧＡは「生成ＡＩを社会に実装する」というミッションを掲げ、活動している団体です。この「社会実装」とは、個人によるツールやアプリケーションとしての活用のみを指すのではなく、企業や自治体といった組織への導入を含めた日本社会全体への実装を指します。

このような大規模な社会実装には、まだまだ多くの課題や障壁が存在しています。

例えば、従業員が生成ＡＩを日常的に活用する際にはリスク管理の意識が不可欠です。不正活用やデータの誤解釈、さらには知らないうちに法的問題に触れる可能性などを考慮しなければなりません。企業の機密情報の漏洩により不正競争防止法に抵触してしまったり、他社の商標や意匠に酷似する生成データを用いて知的財産権を侵害してしまったり、といったリスクも想定できます。

このような問題を未然に防ぐために、生成ＡＩを取り扱うにあたって、従業員一人ひとりが基本的なリテラシーやモラルを身につけることが求められます。ＧＵＧＡではこの点を重視している「生成ＡＩパスポート」という資格制度を提供しています。資格の取得を通じてスキルを可視化することで、生成ＡＩ活用における一定の水準以上のリテラシーとモラルを有することを表明でき、安全な企業導入の実現が可能になると考えています。

さらに、安全な企業導入の実現にあたっては、企業ごとのガイドラインの作成も必要です。しかし、経営者がガイドラインの必要性を認識していても、ＡＩの専門性が低い企業では、それを作成すること自体が難しいケースもあります。さらに、ガイドラインを従業員に理解してもらうことも難易度が高い。そのため、各企業のビジネスモデルや業界特有のリスクに合わせたガイドラインを作成するためのサポートが必要であると考え、私たちがその役割を担っています。

また、ガイドラインを作っても、実際に参照されなければ意味がありません。従業員に対しては、ガイドラインの重要性や役割を認識する、内容を理解しようとする、というマインドセットを構築するアプローチも必要です。ＧＵＧＡではこれらの課題を、資格制度などを通じて解決することを目指しています。

これらの取り組みは、ＧＵＧＡ独自の見解に依存して推進するものではなく、社会全体で変革を目指すべきものです。そのため、多様なステークホルダーとの連携や、公共・民間のパートナーシップの形成にも取り組み、社会とともに歩みを進める体制を作っています。

――あらゆる方面から企業の生成ＡＩ導入の手助けをしているということですね。企業が生成

AIを活用しようとする際に直面しがちな壁は、ほかにどんなものがありますか？

花島　代表的な例としては、人事評価制度や教育プログラムに関する問題が挙げられます。

まず、人事評価制度では、生成ＡＩの活用をどのように評価するかが大きな課題です。従来のＡＩ活用に関する評価基準では、主にエンジニア、技術職の人材を評価する基準がほとんどであり、非技術職には対応していません。また、生成ＡＩは、従来の業務オペレーションの一部に組み込む形での活用が想定されるわけですが、アウトプットを基準とした場合、その差、つまり効果を評価するのは極めて難しいことが想定されます。そのために生成ＡＩ活用においては、運転免許のようなイメージで、どんなリテラシーを備えているのか、どんな活用方法に対応できるのか、というスキルベースでの最低限の評価基準が求められるはずです。もちろん、ＡＩ技術の進化に伴い、評価基準も継続的に更新する必要があります。

次に、教育プログラムの面では、生成ＡＩの活用方法を習得するためにはどのようなカリキュラムが適切か、この点がまだ不鮮明であることも課題です。生成ＡＩは活用する側のスキルが問われるので、実践的なトレーニングやワークショップを通じて従業員のスキルアップを図ることが大切。ただし、非技術職の従業員を対象とする場合、必要以上に専門的すぎる内容は逆にモチベーションを下げる可能性があるので避けなければなりません。さらに、ＡＩの技術や活用方法は常に進化しているため、継続的な学習も必要になりますね。

――フォローすべき点は数多くあるんですね。では、実際の企業の活用状況についてはどう考えていますか？

花島　生成ＡＩの導入に関して、６割におよぶ企業が導入を検討している、という調査結果があります。しかし、実際の導入推進はまだこれからという実感です。多くの企業が「便利だよね」という感覚で導入を進めているものの、利便性ばかりに目を向けてしまい、具体的なガイドラインの策定や活用方法についての理解が追いついていません。結果的に現在は、個人単位でのデータ収集やコピーライティングなど、単純で低リスクな作業での活用にとどまっている印象です。例えば、営業部署の会議や商談時に議論し、ホワイトボードに記録した内容を生成ＡＩで資料化する、チーム間のコミュニケーションを効率化してプロジェクトの進行管理を生成AIが担う、といった組織単位での実務レベルの利用はまだ少ないように感じます。
また、一部の部署で試験的に導入したり、有資格者を配置してガイドラインをボトムアップで作成したりする、といった導入シナリオが描けずに戸惑っている企業も多く見受けられます。これらの問題を解決するために、GUGAでは、具体的な活用方法を学べる環境の提供や、各産業に特化した資格制度の創出を検討しています。

――充実していますね。では、生成AIを活用するうえで、従業員にはどのようなスキルが求められるのでしょうか？

花島　生成AIを効果的に活用するためには、いくつかのスキルが必要です。まず大事なのが、ツールの特性を十分に理解し、実務レベルで期待されるアウトプットを適切に導き出す能力。このスキルを持つためには、ツールの限界と可能性を把握することが不可欠となります。
次に、ビジネスの実務と紐づける能力が必要です。新しいビジネスアイデアを創出し、それを事業戦略と効果的に結び付け、さらには実際の業務オペレーションに適用する手法を検討できなくては、ＡＩ活用の意味がありません。ＡＩ技術の進展は、ビジネスモデルや戦略の再構築を必要とする場面を増やしているため、このスキルは非常に価値が高いといえます。

さらに、「プロンプトエンジニアリング」とも言われる、特定の産業や企業に特化したプロンプトの設計能力も欠かせません。現在の生成ＡＩの効果は、どれだけ具体的で最適化された指示を与えるかに大きく依存しているため、そのニーズに応じてプロンプトを調整する専門性は必要不可欠です。今後、プロンプトをＡＩが生成してくれる時代が来るかもしれませんが、その時々の生成ＡＩの特性を応用する専門性が生まれると予測できます。これらのスキルはそれぞれが重要であり、技術の進化とビジネスニーズの変化に対応し続ける柔軟性が、今後の生成ＡＩ活用の鍵となるでしょう。

――求められるスキルも多様化するわけですね。生成ＡＩの社会実装の実現に向けては、どのようなステップを描かれているでしょうか?

花島　大きくは3つのステップを描いています。先に述べたことと重複しますが、まずは資格制度を通じて、日本社会全体の生成ＡＩリテラシー、モラルを底上げすること。もちろん「使ってみること」は重要ですが、利便性とリスクの両面を十分に理解し、安全な範囲での利用を心がける必要があります。リスクが実例として顕在化することは、生成ＡＩは危ないものだという空気感を醸成してしまい、可能性を閉じるような抑制にもつながりかねません。そのような事態を回避するためにも、リテラシーを一定の水準以上に底上げすることが重要です。

ふたつめに、企業や自治体における生成ＡＩ導入のモデルケースを創出すること。やはり、わかりやすい成果や真似しやすいプロセスを事例として学べると、生成ＡＩの導入が大きく前進するはずです。そのためにＧＵＧＡでは、安全な生成ＡＩ導入支援サービスを認定したり、実証実験に取り組んだりといったアプローチを推進していきます。また、こういった事例を積極的に世の中へと発信していくメディアとしての機能も果たしていきます。

最後は、産業の再構築を進行させていくこと。例えば、求人や不動産賃貸情報のプラットフォームサービスの多くは「検索」を前提に自分が求める条件を選択させるユーザー体験が設計されています。これに生成ＡＩを掛け合わせて再構築すると、「対話」を前提により細かいニーズをヒアリングするような新しいユーザー体験を生み出すことができるわけです。こういったイノベーションの創出に伴走することが、生成ＡＩの社会実装による価値を最大化すると考えています。

――なるほど。では最後に、生成ＡＩの社会実装が進むことによって、私たちの働き方はどのように変化すると予想されますか？

花島　人間と生成ＡＩとの協働が当たり前になることで、様々なビジネスシーンでの効率化が進み、より個性を生かした自由な働き方が実現される未来を想像しています。生成ＡＩが表計算ソフトや資料作成ツール、メールソフトといった様々なビジネスツールにデフォルトで搭載されていくと、業務が自動化できるようになり、生成ＡＩ利用者は内容チェックをし、Ｅｎｔｅｒキーを押すだけで仕事を完結させることができるようになるかもしれません。

より具体的な例でいうと、営業パーソンは生成ＡＩを活用して自動で資料作成を行い、さらにメールソフトと連動させることでクライアントへの提案・ヒアリングも自動で行うことができ、商談に進めば議事録作成や協業ポイントの抽出、タスクの可視化までＡＩにリードしてもらうことができます。また、飲食店などのＩＴ導入がまだ進んでいない事業者も生成ＡＩを活用することで、インバウンドに対応したマーケティング施策を多言語で展開できたり、周辺店舗やトレンドに関する情報を収集して戦略的なメニュー開発を検討できたり、といったことが考えられます。これまで外注していたことを内製に切り替えることによるコスト削減や、煩雑な作業の自動化による働き手の負担軽減などが実現できるわけです。

人間と生成ＡＩの協働により、自分の苦手なことや雑務に時間を使うのではなく、得意なことややりたいことに対してのクリエイションに時間を使うことができる社会へと変化する可能性が非常に高いと感じています。私たちの働き方がよりスマートかつコンパクトになると、余った時間の使い方やキャリアの描き方も大きく変わってきます。その結果、やや大げさかも知れませんが、多くの人に「生き方」を見直す必要が出てくるだろうと考えています。

おわりに

私は「人間とＡＩが共存する社会をつくる」をビジョンとして約7年間に渡って、ＡＩに関する発信を行ってきました。ディープラーニング台頭の荒波のなか、必死に情報にキャッチアップし、ＡＩの可能性を一人でも多くの方に「正しく」伝えることを続けてきました。

人間はＡＩに関する議論の際、ＡＩを分解することなく対話を始めます。インパクトの大きいニュースを目にすると、必ずといっていいほど、「ＡＩが仕事を奪う」といった極端な意見を耳にする機会が多くなります。その技術的なインパクトが大きいが故に、誰も正しく可能性を把握できず、短絡的に「ＡＩは怖い存在」となってしまうのです。ですが、現在のＡＩには得手不得手があり、そうした理解は実態とは大きく異なります。

生成ＡＩが普及する今、一人ひとりがＡＩを具体化して捉え、ＡＩが普及する未来について考えてみてください。そのきっかけになるだけで、この書籍を執筆してよかったと思えます。

最後に、今回ご尽力いただいた関係者の皆様に謝辞を述べさせていただきます。まず、本書を執筆できるほどの知識を得られたのは、新卒当時から私を支えてくれた進藤圭さんをはじめとするディップ株式会社のみなさんのおかげです。ＡＩＮＯＷというメディアの運営だけでなく、社内のＡＩ活用まで、新しい視座を得る経験をいつも与えていただいていることに対して、感謝しても感謝しきれない思いでいます。いつか美味しい焼肉でお礼させてください。

また、執筆過程では株式会社ワン・パブリッシングの松井謙介さん、森有史さんに絶大なサポートをいただきました。初めての出版で、四苦八苦するなか、広すぎる心でサポートしてくださったこと、感謝致します。

そして、この書籍を手に取ってくださった読者のみなさん、本当にありがとうございます。ぜひ、これを機に生成ＡＩの可能性を感じとり、みなさんの会社が変革を遂げ、ＤＸの本来の目的である「競争優位性」を獲得してくだされば幸いです。

２０２３年 吉日
小澤健祐（おざけん）

生成AI導入の教科書

2023年10月10日　第1刷発行
2023年12月12日　第2刷発行

著　　者　小澤健祐（おざけん）
発 行 人　松井謙介
編 集 人　長崎 有
担当編集　森 有史
ブックデザイン　山之口正和＋齋藤友貴（OKIKATA）
D　T　P　アド・クレール
発 行 所　株式会社　ワン・パブリッシング
〒110-0005　東京都台東区上野3-24-6
印 刷 所　日経印刷株式会社

■この本に関する各種お問い合わせ先
内容等のお問い合わせは、下記サイトのお問い合わせフォームよりお願いします。
https://one-publishing.co.jp/contact/

不良品（落丁、乱丁）については
Tel 0570-092555
業務センター　〒354-0045 埼玉県入間郡三芳町上富279-1
在庫・注文については
書店専用受注センター　Tel 0570-000346

ワン・パブリッシングの書籍・雑誌についての新刊情報・詳細情報は、下記をご覧ください。
https://one-publishing.co.jp/